AF610874

ŒUVRES

DE

SAINT-SIMON & D'ENFANTIN

PRÉCÉDÉES DE DEUX NOTICES HISTORIQUES

XXe VOLUME

ŒUVRES

DE

SAINT-SIMON

PUBLIÉES PAR LES MEMBRES DU CONSEIL

INSTITUÉ PAR ENFANTIN

POUR L'EXÉCUTION DE SES DERNIÈRES VOLONTÉS

QUATRIÈME VOLUME

PARIS
E. DENTU, ÉDITEUR
LIBRAIRE DE LA SOCIÉTÉ DES GENS DE LETTRES
PALAIS-ROYAL, 17 ET 19, GALERIE D'ORLÉANS

1869

ŒUVRES

DE

SAINT-SIMON

INTRODUCTION

Suite de 1819

Avec la douzième livraison du Politique, parue en avril 1819, cessa la publication de cet ouvrage. Dès le mois suivant, Saint-Simon publia un petit écrit ayant pour titre :

— Considérations relatives a une pétition pour demander l'addition d'un article a la loi des finances. Brochure de 10 pages in-8°, de l'imprimerie d'Anthoine Boucher, successeur de L.-G. Michaud, rue des Bons-Enfants, n° 34 ; 1819.

Cette brochure n'est pas signée, mais il est facile d'y reconnaître la plume de Saint-Simon, et le Rapport fait à la Chambre, rapport qu'on peut lire dans le *Moniteur* du 10 juin 1819[1],

1. Nous avons entre les mains ce Rapport, copié de la main de Saint-Simon dans le *Moniteur* du 10 juin 1819.

ne laisse aucun doute à cet égard. Saint-Simon avait dès lors d'autres préoccupations; au POLITIQUE, il voulait faire succéder une autre publication semi-périodique, L'ORGANISATEUR, dont il lança le *Prospectus* en août 1819. Ce Prospectus fut publié dans divers journaux, notamment dans la quatre-vingtième livraison de *la Minerve* (deuxième numéro d'août 1819), tome VII, pages 95 et 96. Nous allons le reproduire d'après ce recueil :

—L'ORGANISATEUR. *Prospectus de l'Auteur.* Le XIXe siècle n'a point encore pris le caractère qui lui convient; c'est encore celui du XVIIIe qui domine notre littérature philosophique, car elle n'a cessé d'être essentiellement critique.

De cet état de choses il résulte : que nous sommes encore en révolution; que nous sommes menacés de nouvelles crises sociales; car un système quelconque (et par conséquent le système politique) ne peut pas être remplacé par la critique qui l'a renversé; il faut un système pour remplacer un système.

Les philosophes du XVIIIe siècle ont dû être critiques, puisque la première chose à faire était de mettre en évidence les inconvénients d'un système formé à une époque de superstition et de barbarie ; mais ce système ayant été complétement discrédité par eux, il est évident que la tâche de leurs successeurs, c'est-à-dire des philosophes actuels, consiste à produire et à discuter le système politique qui convient à l'état présent des lumières ; et il est également évident que l'ancien système ne pourra cesser entièrement d'être en activité qu'à l'époque où les idées, sur les moyens de remplacer les institutions (dérivées de ce système) qui existent encore, auront été suffisamment éclaircies, liées et coordonnées ; qu'à l'époque où ces idées auront été sanctionnées par l'opinion publique.

Telle est l'opinion que l'auteur de cet écrit s'est formée, en résultat de longues méditations à ce sujet.

Il a soumis cette opinion à l'examen des hommes les plus capables de la juger, et elle a obtenu leur approbation.

Ce n'est pas un seul homme qui peut organiser le nouveau système politique dont l'espèce humaine a besoin ; l'auteur de cet écrit a donc dû chercher la combinaison au moyen de laquelle les hommes les plus capables, dans les diverses branches de nos connaissances positives, pourraient concourir à ce travail.

Le projet qu'il a conçu, projet qui sera exposé dans son ouvrage, consiste à former une société scientifique divisée en quatre classes ; il consiste à partager la totalité des travaux à faire entre ces quatre classes, d'une manière telle que chacune d'elles puisse agir indépendamment de toutes les autres, et que cependant elles concourent toutes avec la même efficacité à l'organisation du système.

Et ce projet, qui a été soumis à la critique de plusieurs savants très-estimés, a été approuvé, on oserait presque dire adopté par eux.

Voilà quels ont été les antécédents de l'*Organisateur*.

L'*Organisateur* aura pour objet : 1° de poser les principes qui doivent servir de base au nouveau système de politique ; 2° de présenter le projet d'organisation d'un atelier scientifique, capable d'établir une doctrine sociale proportionnée à l'état des lumières ; 3° de prouver qu'il est de l'intérêt de toutes les classes de la société que ce travail s'exécute le plus promptement possible ; 4° d'indiquer les moyens de maintenir la tranquillité publique pendant l'organisation du nouveau système.

Son but général sera d'examiner toutes les questions dont la solution intéressera le bonheur de la société.

La première livraison de l'*Organisateur* paraîtra le mois prochain (septembre); elle annoncera le mode de publication qui sera adopté pour cet ouvrage, ainsi que les conditions d'abonnement.

La *Revue encyclopédique*, dans son numéro d'août 1819 (t. III, p. 389 et 390), annonça aussi la publication promise par Saint-Simon : « *L'Organisateur*, nouvelle feuille semi-pério-« dique qui doit paraître incessamment, disent les rédacteurs, « et dont *un de nos journaux* vient de publier le Prospectus, « renferme les passages suivants. » Alors ils reproduisent, entre guillemets, ce que nous avons extrait de *la Minerve*, mais avec de notables variantes et un peu plus de développements. Ils ne disent pas à quel *journal* ils ont emprunté leur citation, mais il semble en résulter que Saint-Simon avait adressé, à plusieurs organes de la presse, des Prospectus qui n'étaient pas identiques.

L'Organisateur est peut-être celle des publications de Saint-Simon qu'il est le plus difficile de réunir complète, à cause du désordre dans lequel ses livraisons se succédèrent, comme on va le voir.

— EXTRAITS DE L'ORGANISATEUR, par Henri Saint-Simon; 32 pages in-8°, imprimées chez Anthoine Boucher; novembre 1819. Saint-Simon annonce que l'ouvrage est encore manuscrit, et qu'il en publie seulement des *Extraits*.

Cet écrit est indiqué dans le numéro du *Journal de la Librairie*, qui a paru le 27 novembre 1819. — Le *Constitutionnel* du 22 novembre 1819 renferme un article sur cette *première livraison*; il est signé E.

— L'ORGANISATEUR. *Première livraison;* SECONDE ÉDITION, *augmentée de deux lettres importantes;* 42 pages in-8°, imprimées chez Anthoine Boucher; novembre 1819.

Cette *seconde édition* est annoncée dans le numéro du *Journal de la Librairie* qui a paru le 4 décembre 1819.

— L'ORGANISATEUR. *Première livraison;* TROISIÈME ÉDITION, augmentée d'une *Esquisse du nouveau système politique.* VI lettres formant 62 pages in-8°, de l'imprimerie d'Anthoine Boucher, successeur de L.-G. Michaud, rue des Bons-Enfants, n° 34. Décembre 1819.

Indiquée dans le numéro du *Journal de la Librairie* du 18 décembre 1819.

1820.

— L'ORGANISATEUR. *Deuxième livraison.* Paris, 1820; de l'imprimerie d'Anthoine Boucher.

Cette livraison renferme les Lettres VII et VIII, et continue la pagination de la précédente livraison jusqu'à la page 116. Saint-Simon la termine par ce NOTA :

Je publierai *sous peu de jours* une seconde édition de cette livraison; elle sera beaucoup plus volumineuse que celle-ci. — J'expliquerai plus tard à mes lecteurs ce qui m'a forcé à adopter ce mode de publication, que j'abandonnerai le plus tôt qu'il me sera possible.

En effet, au bout de quelques jours, on vit paraître :

— L'ORGANISATEUR. *Deuxième livraison;* SECONDE ÉDITION, considérablement augmentée, de l'imprimerie d'Anthoine Boucher.

Cette *seconde édition* continue, comme la précédente, la pagination de la première livraison depuis la page 63, et va jusqu'à la page 265. L'addition faite commence à la page 117 [1] et se compose de la suite des lettres depuis IX jusqu'à XIV.

Ainsi, tout ce qui a paru de cet ouvrage forme, comme on voit, un volume de 265 pages, et, pour qu'il soit complet, il faut réunir la TROISIÈME ÉDITION de la *première livraison*, et la SECONDE ÉDITION de la *deuxième livraison*.

La lettre XIVe et dernière (p. 255) donne la date exacte de cette publication ; elle commence par ces mots : « Mes chers « compatriotes, un crime atroce vient d'être commis : mon« seigneur le duc de Berry a été assassiné, etc. » Or, cet événement est du 13 février.

Saint-Simon avait formé un *Bureau de l'Organisateur,* rue Montmartre, n° 56. Il annonçait qu'une livraison paraîtrait chaque mois et qu'avant la fin de l'année au moins trois volumes de *L'Organisateur* auraient paru. Cette promesse eut le sort de tant d'autres du même genre qu'il avait faites ; il ne put la tenir.

Nous allons reproduire complet cet écrit si original, sorti de la plume de notre maître.

1. Voyez page III de ce volume.

L'ORGANISATEUR

PAR

Henri SAINT-SIMON

De Novembre 1819 a Février 1820

L'ORGANISATEUR

PAR

Henri SAINT-SIMON

L'AUTEUR A SES CONCITOYENS

Je m'étais engagé, par mon Prospectus qui a été inséré dans la *Minerve*[1], à faire paraître la première livraison de *l'Organisateur* pendant le courant du mois dernier, cela ne m'a pas été possible ; le travail qui se trouvera en tête de cet ouvrage m'a demandé beaucoup plus de temps que je ne l'avais présumé, et je ne puis assigner l'époque où il sera terminé.

Je prends le parti de publier quelques extraits de ce travail. Dans le premier, j'expose avec toute franchise l'état présent de la société ; dans

1. On voit ici pourquoi nous avons, de préférence, réimprimé le *Prospectus* publié dans *la Minerve*. (Note des Éditeurs.)

le second, je dis mon opinion sur le moyen de guérir la maladie dont le corps politique est attaqué; dans le troisième, j'indique les précautions qu'il faudra prendre, en procédant à l'application du remède.

La France, l'Angleterre, l'Allemagne, l'Italie et l'Espagne sont menacées de grands malheurs; d'un instant à l'autre la guerre civile peut éclater dans chacun de ces pays en même temps qu'une guerre générale en Europe. Si le terrible fléau des combats vient de nouveau désoler nos villes et ravager nos campagnes encore couvertes de cadavres, ce sera par la raison que la question d'organisation sociale n'aura été ni assez promptement, ni assez complétement éclaircie, car les hommes ne se battent jamais que faute de s'entendre.

Je crois avoir éclairci le point le plus important de cette question; il résulte de ma conviction, à cet égard, que c'est mon devoir comme citoyen de vous communiquer le plus promptement possible le résultat de mes recherches à ce sujet.

Daignez agréer, mes chers concitoyens, avec bienveillance et indulgence, ce premier fruit de mes veilles. Je hâterai le plus possible le moment où je pourrai vous livrer l'ensemble de mon travail et vous en faire hommage.

HENRI SAINT-SIMON,

Citoyen français, Membre de la Société européenne et de la Société américaine.

P.-S. — Je mettrai un intervalle entre la publication de ces extraits, afin de laisser au public le temps nécessaire pour asseoir son jugement sur chacun d'eux successivement.

PREMIER EXTRAIT

DE *L'ORGANISATEUR*.

Nous supposons que la France perde subitement ses cinquante premiers physiciens, ses cinquante premiers chimistes, ses cinquante premiers physiologistes, ses cinquante premiers mathématiciens, ses cinquante premiers poëtes, ses cinquante premiers peintres, ses cinquante premiers sculpteurs, ses cinquante premiers musiciens, ses cinquante premiers littérateurs ;

Ses cinquante premiers mécaniciens, ses cinquante premiers ingénieurs civils et militaires, ses cinquante premiers artilleurs, ses cinquante premiers architectes, ses cinquante premiers médecins, ses cinquante premiers chirurgiens, ses cinquante premiers pharmaciens, ses cinquante premiers marins, ses cinquante premiers horlogers ;

Ses cinquante premiers banquiers, ses deux cents premiers négociants, ses six cents premiers cultivateurs, ses cinquante premiers maîtres de forges, ses cinquante premiers fabricants d'armes, ses cinquante premiers tanneurs, ses cinquante premiers teinturiers, ses cinquante premiers mineurs, ses cinquante premiers fabricants de draps, ses cinquante premiers fabricants de coton, ses cinquante premiers fabricants de soieries, ses cinquante premiers fabricants de toile, ses cinquante premiers fabricants de quincaillerie, ses cinquante premiers fabricants de faïence et de porcelaine, ses cinquante premiers fabricants de cristaux et de verrerie, ses cinquante premiers armateurs, ses cinquante premières maisons de roulage, ses cinquante premiers imprimeurs, ses cinquante premiers graveurs, ses cinquante premiers orfévres et autres travailleurs de métaux ;

Ses cinquante premiers maçons, ses cinquante premiers charpentiers, ses cinquante premiers menuisiers, ses cinquante premiers maréchaux, ses cinquante premiers serruriers ses cinquante premiers couteliers, ses cinquante premiers fondeurs, et les cent autres personnes de divers états non désignés, les plus capables dans les sciences, dans les beaux-arts, et dans les arts et métiers, faisant en tout les trois mille premiers savants, artistes et artisans de France[1].

Comme ces hommes sont les Français les plus essentiellement producteurs, ceux qui donnent les produits les plus importants, ceux qui dirigent les travaux les plus utiles à la nation, et qui la rendent productive dans les sciences, dans les beaux-arts et dans les arts et métiers, ils sont réellement la fleur de la société française; ils sont de tous les Français les plus utiles à leur pays, ceux qui lui procurent le plus de gloire, qui hâtent le plus sa civilisation ainsi que sa prospérité; la nation deviendrait un corps

1. On ne désigne ordinairement par artisans que les simples ouvriers; pour éviter les circonlocutions, nous entendons par cette expression tous ceux qui s'occupent de produits matériels, savoir: les cultivateurs, les fabricants, les commerçants, les banquiers et tous les commis ou ouvriers qu'ils emploient.

sans âme, à l'instant où elle les perdrait; elle tomberait immédiatement dans un état d'infériorité vis-à-vis des nations dont elle est aujourd'hui la rivale, et elle continuerait à rester subalterne à leur égard tant qu'elle n'aurait pas réparé cette perte, tant qu'il ne lui aurait pas repoussé une tête. Il faudrait à la France au moins une génération entière pour réparer ce malheur, car les hommes qui se distinguent dans les travaux d'une utilité positive sont de véritables anomalies, et la nature n'est pas prodigue d'anomalies, surtout de celles de cette espèce.

Passons à une autre supposition. Admettons que la France conserve tous les hommes de génie qu'elle possède dans les sciences, dans les beaux-arts, et dans les arts et métiers, mais qu'elle ait le malheur de perdre le même jour Monsieur, frère du Roi, Monseigneur le duc d'Angoulême, Monseigneur le duc de Berry, Monseigneur le duc d'Orléans, Monseigneur le duc de Bourbon, Madame la duchesse d'Angoulême, Madame la duchesse de Berry, Madame la duchesse d'Orléans, Madame la duchesse de Bourbon, et Mademoiselle de Condé.

Qu'elle perde en même temps tous les grands officiers de la couronne, tous les ministres d'État (avec ou sans départements), tous les conseillers d'État, tous les maîtres des requêtes, tous ses maréchaux, tous ses cardinaux, archevêques, évêques, grands-vicaires et chanoines, tous les préfets et les sous-préfets, tous les employés dans les ministères, tous les juges, et, en sus de cela, les dix mille propriétaires les plus riches parmi ceux qui vivent noblement.

Cet accident affligerait certainement les Français, parce qu'ils sont bons, parce qu'ils ne sauraient voir avec indifférence la disparition subite d'un aussi grand nombre de leurs compatriotes. Mais cette perte des trente mille individus, réputés les plus importants de l'État, ne leur causerait de chagrin que sous un rapport purement sentimental, car il n'en résulterait aucun mal politique pour l'État.

D'abord par la raison qu'il serait très-facile de remplir les places qui seraient devenues vacantes ; il existe un grand nombre de Français en état d'exercer les fonctions de frère du Roi aussi bien que Monsieur ; beaucoup sont capables d'occuper les places de prince tout aussi convenablement que Monseigneur le duc d'Angoulême, que Monseigneur le duc de Berry, que Monseigneur le duc d'Orléans, que Monseigneur le duc de

Bourbon ; beaucoup de Françaises seraient aussi bonnes princesses que Madame la duchesse d'Angoulême, que Madame la duchesse de Berry, que Mesdames d'Orléans, de Bourbon et de Condé.

Les antichambres du château sont pleines de courtisans prêts à occuper les places de grands officiers de la couronne ; l'armée possède une grande quantité de militaires aussi bons capitaines que nos maréchaux actuels. Que de commis valent nos ministres d'État ! Que d'administrateurs plus en état de bien gérer les affaires des départements que les préfets et les sous-préfets présentement en activité ? Que d'avocats aussi bons jurisconsultes que nos juges ? Que de curés aussi capables que nos cardinaux, que nos archevêques, que nos évêques, que nos grands-vicaires et que nos chanoines ? Quant aux dix mille propriétaires vivant noblement, leurs héritiers n'auront besoin d'aucun apprentissage pour faire les honneurs de leurs salons aussi bien qu'eux.

La prospérité de la France ne peut avoir lieu que par l'effet et en résultat des progrès des sciences, des beaux-arts et des arts et métiers ; or, les princes, les grands officiers de la couronne, les évêques, les maréchaux de France, les préfets et les propriétaires oisifs ne travaillent point directement au progrès des sciences, des beaux-arts, des arts et métiers ; loin d'y contribuer, ils ne peuvent qu'y nuire, puisqu'ils s'efforcent de prolonger la prépondérance exercée jusqu'à ce jour par les théories conjecturales sur les connaissances positives ; ils nuisent nécessairement à la prospérité de la nation en privant, comme ils le font, les savants, les artistes, et les artisans, du premier degré de considération qui leur appartient légitimement ; ils y nuisent puisqu'ils emploient leurs moyens pécuniaires d'une manière qui n'est pas directement utile aux sciences, aux beaux-arts et aux arts et métiers ; ils y nuisent, puisqu'ils prélèvent annuellement, sur les impôts payés par la nation, une somme de trois à quatre cents millions sous le titre d'appointements, de pensions, de gratifications, d'indemnités, etc., pour le payement de leurs travaux qui lui sont inutiles.

Ces suppositions mettent en évidence le fait le plus important de la politique actuelle ; elles placent à un point de vue d'où l'on découvre ce fait dans toute son étendue et d'un seul coup d'œil ; elles prouvent clairement, quoique d'une manière indirecte, que l'organisation sociale est peu perfectionnée ; que les hommes se laissent encore gouverner par la violence et par la ruse, et que l'espèce humaine (politiquement parlant) est encore plongée dans l'immoralité.

Puisque les savants, les artistes et les artisans, qui sont les seuls hommes dont les travaux soient d'une utilité positive à la société, et qui ne lui coûtent presque rien, sont subalternisés par les princes et par les autres gouvernants qui ne sont que des routiniers plus ou moins incapables.

Puisque les dispensateurs de la considération et des autres récompenses nationales ne doivent, en général, la prépondérance dont ils jouissent qu'au hasard de la naissance, qu'à la flatterie, qu'à l'intrigue ou à d'autres actions peu estimables.

Puisque ceux qui sont chargés d'administrer les affaires publiques se partagent entre eux, tous les ans, la moitié de l'impôt, et qu'ils n'emploient pas un tiers des contributions, dont ils ne s'emparent pas personnellement, d'une manière qui soit utile aux administrés.

Ces suppositions font voir que la société actuelle est véritablement le monde renversé.

Puisque la nation a admis pour principe fondamental que les pauvres devaient être généreux à l'égard des riches, et qu'en conséquence les moins aisés se privent journellement d'une partie de leur nécessaire pour augmenter le superflu des gros propriétaires.

Puisque les plus grands coupables, les voleurs généraux, ceux qui pressurent la totalité des citoyens, et qui leur enlèvent trois à quatre cents millions par an, se trouvent chargés de faire punir les petits délits contre la société.

Puisque l'ignorance, la superstition, la paresse et le goût des plaisirs dispendieux forment l'apanage des chefs suprêmes de la société, et que les gens capables, économes et laborieux ne sont employés qu'en subalternes et comme des instruments.

Puisque, en un mot, dans tous les genres d'occupations, ce sont des hommes incapables qui se trouvent chargés du soin de diriger les gens capables; que ce sont, sous le rapport de la moralité, les hommes les plus immoraux qui sont appelés à former les citoyens à la vertu, et que, sous le rapport de la justice distributive, ce sont les grands coupables qui sont préposés pour punir les fautes des petits délinquants [1].

1. Ce sont ces dix pages qu'Ol. Rodrigues a publiées en 1832, sous le titre de *Parabole de Saint-Simon*, et qui ont été réim-

Quoique cet extrait soit fort court, nous croyons avoir suffisamment prouvé que le corps politique était malade ; que sa maladie était grave et dangereuse ; qu'elle était la plus fâcheuse qu'il pût éprouver, puisque son ensemble et toutes ses parties s'en trouvaient affectés en même temps. Cette démonstration devait précéder toutes les autres ; car ceux qui se portent bien (ou qui croient se bien porter) ne sont nullement disposés à écouter les médecins qui leur proposent les remèdes ou le régime convenables pour les guérir.

Dans le second extrait, nous examinerons quel est le remède qu'il convient d'administrer au malade.

primées plusieurs fois depuis sous le même titre. Ol. Rodrigues les a encore réimprimées en 1848, sous le nom de *Paroles d'un mort*.

(NOTE DES ÉDITEURS.)

L'AUTEUR A SES COMPATRIOTES[1]

DEUXIÈME LETTRE

Mes chers Compatriotes,

D'après la lecture de ce premier extrait, vous imaginerez vraisemblablement que j'ai des intentions hostiles à l'égard des chefs du gouvernement ; il n'en est rien, et je serais très-fâché que vous me crussiez dans cette direction. Pour me mettre à l'abri de tout soupçon à cet égard, je vais vous présenter, par anticipation, l'ensemble de mon opinion. Il résultera de cet exposé la preuve que mes intentions ne sont hostiles à l'égard de personne et qu'elles sont, au contraire,

1. J'emploie dans cette seconde lettre l'expression de *compatriote* au lieu de celle de *concitoyen*, dont je me suis servi dans la première, parce que l'expression de *compatriote* comprend clairement le Roi, tandis que celle de *concitoyen* peut être envisagée comme ne le comprenant point, et que c'est au Roi plus qu'à tout autre Français que j'adresse ce que je dis dans cette lettre.

très-pacifiques et même les plus bienveillantes possible à l'égard de tout le monde.

Les historiens qui se sont occupés de rechercher l'origine des nations ont constaté que tous les peuples avaient commencé par être anthropophages.

Les historiens qui nous ont fait connaître les mœurs et les usages des Grecs et des Romains ont constaté que, dès cette époque (où il se faisait encore des sacrifices humains), l'idée de manger de la chair humaine répugnait à la société, et même qu'elle révoltait tout le monde.

Ainsi, un grand changement s'était déjà opéré; l'ordre de choses qui avait existé primitivement avait déjà complétement disparu.

Chez les Romains, les affaires publiques les plus importantes étaient décidées d'après l'examen des entrailles des poulets sacrés et l'inspection du vol des oiseaux.

Dès que la religion chrétienne a été établie, les augures et les aruspices ont disparu, et la société s'est reconstituée sur de nouvelles bases.

Pendant le moyen âge, les prévenus de crimes étaient soumis au jugement de Dieu; ils subissaient l'épreuve de l'eau ou du feu; la théologie était réputée la plus importante et la plus utile des sciences ; les papes se trouvaient investis du pouvoir d'excommunier et d'interdire ceux qui (d'après les constitutions d'alors) étaient chargés d'administrer les affaires des peuples.

Cette législation barbare a été abandonnée ; la suprématie des papes a cessé d'exister puisqu'elle n'a plus été reconnue, et les idées qui étaient prépondérantes au moyen âge ont été remplacées par d'autres idées moins erronées. Aussi MM. de Bonald et de Chateaubriand, quoique très-estimés pour leurs vertus et considérés comme des hommes de beaucoup de talent et d'instruction, sont généralement regardés comme des extravagants, parce qu'ils s'efforcent de ramener un ordre de choses dont le progrès des lumières a fait justice.

Pendant le siècle dernier, il s'est formé dans toute l'Europe, et particulièrement en France, une opinion générale en politique, d'où il est résulté que les affaires des nations européennes ont été jugées avoir été jusqu'à ce jour administrées trop chèrement; d'où il est également résulté que les gouvernements ont été considérés comme investis de pouvoirs beaucoup plus étendus qu'ils ne devaient l'être. C'est à ces deux causes que l'opinion publique a attribué le désordre social constitué ; état de choses monstrueux dans lequel les gouvernants administrent les affaires générales dans leur intérêt et à leur profit, au lieu de les gérer dans l'intérêt des peuples et à leur plus grand avantage.

Ne doit-on pas s'attendre que les pouvoirs des gouvernants seront diminués, et que les sommes consenties par les nations européennes pour les frais d'administration de leurs affaires seront considérablement restreintes ; en un mot que le mode d'administration des affaires publiques, existant encore aujourd'hui, sera totalement changé ; qu'il sera entièrement anéanti, et qu'il éprouvera enfin le même sort que l'anthropophagie, que le système politique qui avait été fondé sur la croyance aux décisions des aruspices et des augures, que celui qui a existé dans le moyen âge[1] et en?

1. Deux choses sont très-essentielles à remarquer :

La première de ces choses est que la critique des philosophes du XVIIIe siècle a beaucoup plus porté sur les choses que sur les hommes, sur les principes fondamentaux du système politique que sur la forme du gouvernement ; que le changement dont ils ont principalement manifesté le désir était celui d'où il résulterait que la nation accorderait plus de confiance à ses connaissances positives qu'à ses sciences conjecturales ; aux gens laborieux qu'aux gens désœuvrés ; à ceux qui satisfaisaient tous ses besoins, qu'à ceux qui ne l'entretenaient que de rêveries, de manière qu'ils auraient dit à peu près les mêmes choses, quelle qu'eût été la forme du gouvernement sous lequel ils eussent vécu, quels qu'eussent

N'est-il pas évident que la véritable cause de la révolution actuelle est le désir que les gouvernés ont de restreindre les pouvoirs des gouvernants, de diminuer la considération extrêmement exagérée dont ils sont investis, de réduire les sommes qu'ils perçoivent pour le payement de leurs travaux, attendu qu'ils jugent que ces travaux sont beaucoup trop chèrement payés pour les services qu'ils rendent à la société?

N'est-il pas évident, enfin, que la révolution ne sera terminée, que le calme ne sera rétabli qu'après que les gouvernés auront atteint leur but?

L'expérience de tous les siècles connus a prouvé que l'espèce humaine a toujours travaillé à l'amélioration de son sort, et, par conséquent, au perfectionnement de son organisation sociale, d'où il résulte qu'il est de sa nature de perfectionner indéfiniment son régime politique en

été les hommes chargés de l'administration des affaires publiques.

L'autre chose importante à observer, c'est que la révolution n'a pas encore pris la grande direction qui lui avait été donnée par les philosophes du XVIIIe siècle, puisqu'elle s'est beaucoup plus occupée jusqu'à ce jour des hommes que des choses, de la forme du gouvernement que des principes fondamentaux du système. Je m'occuperai de ces deux observations dans la lettre suivante.

remplaçant successivement les institutions qui ont pour objet le maintien de l'ordre social, par de nouvelles institutions ayant le même but, mais qui soient combinées de manière à les rendre plus douces pour les gouvernés et moins onéreuses pour eux que celles qui les avaient précédées.

L'expérience des siècles a également prouvé que chacun des perfectionnements qui se sont opérés dans l'organisation sociale a donné lieu à une crise, ou plutôt qu'il a été le résultat d'une grande crise politique; elle a prouvé que chacune de ces crises (qui a été d'autant plus longue que les hommes étaient moins éclairés) a duré jusqu'à l'époque où le moyen d'effectuer le perfectionnement a été trouvé et mis en pratique. Les faits qui constatent ce que je viens de dire se trouvent profondément gravés dans la tête de tous les hommes instruits.

Enfin, cette même expérience générale a encore prouvé que chacune des crises dont je viens de parler a été annoncée par le même symptôme. Les institutions fondamentales étaient devenues un objet de risée publique, et, en effet, la religion chétienne a commencé à s'établir peu de temps après que Cicéron eut dit qu'il ne concevait pas comment deux augures pouvaient se regarder sans rire. Ainsi, dans l'aperçu du travail que j'entreprends de présenter au public, partie par partie, j'ai dû commencer par prouver que les institutions actuelles étaient tout à fait en arrière des connaissances acquises par les gouvernés, qu'elles étaient, et qu'elles méritaient, en effet, d'être un objet de risée publique.

J'aurais certainement pu ne raisonner que sur les principes ; mais de cette manière, j'aurais été nécessairement abstrait et froid; je n'aurais mis la vérité (que je devais rendre la plus saillante possible) qu'à la portée d'un très-petit nombre.

Voilà, mes chers compatriotes, ce qui m'a engagé à présenter en opposition, d'une part, la capacité des gouvernés, ainsi que l'utilité des services qu'ils rendent à la chose publique, en suivant des principes opposés à ceux des gouvernants; et, d'une autre part, le mode d'élection aux places du gouvernement, la capacité que ces plans exigent et les services que rendent ceux qui les occupent; mais je déclare formellement que je n'ai eu aucunement en vue de déprécier les vertus et les talents des princes, ni le mérite des ministres, ni la capacité des autres fonctionnaires publics ; ce sont les institutions seules que j'ai voulu attaquer. Enfin, je me suis proposé pour but de rendre palpables les deux grands faits que j'ai énoncés : l'un que la société était encore plongée dans l'immoralité, l'autre que l'organisation sociale actuelle était la constitution du monde renversé.

La grande vérité politique, la seule sur laquelle il soit important de fixer l'attention dans les circonstances actuelles, est que ce sont ceux qui cultivent avec plus ou moins de succès les sciences conjecturales qui se trouvent chargés de diriger ceux qui sont adonnés à des occupations positives ; que ce sont les premiers qui sont chargés de distribuer aux seconds les récompenses nationales, et par conséquent de juger un genre de capacité qu'ils ne possèdent point ; que ce sont les premiers qui sont chargés de guider les seconds dans une route qu'ils ne suivent point, qu'ils ne connaissent point : ce qui met les gouvernants dans le cas des missionnaires qui prêchent, *faites ce que je vous dis, mais gardez-vous bien de faire ce que je fais;* ce qui place la société dans une direction de raisonnement aussi fausse que si elle avait admis que les miroirs qui réfléchissent les rayons du soleil sont les corps lumineux ; en un mot, que c'est la lune qui éclaire le soleil.

Vous conviendrez, mes chers compatriotes, que si je m'étais exprimé de cette façon, je n'aurais pas été lu par cinquante personnes ; ainsi ce n'était pas le moyen convenable pour agir vivement sur la société, et pour lui ouvrir les yeux sur les malheurs dont elle est menacée, ainsi que pour lui faire connaître les mesures qu'elle doit prendre pour s'en garantir.

Voilà un premier aperçu de mon opinion générale sur la politique. Dans la lettre suivante, je vous présenterai cette opinion d'une manière plus précise et plus détaillée.

S.-S.

P.-S.— Je vous prie d'observer que les considérations que je vous ai présentées dans mon premier extrait *ne portent que sur les chefs de la nation, et qu'elles ne tendent nullement à remuer le peuple.*

Notre nation, mes chers compatriotes, a deux espèces de chefs bien distincts, savoir : d'une part, les chefs des sciences positives, ceux des beaux-arts et ceux des arts et métiers ; elle a d'une autre part ses chefs militaires, ses chefs théocratiques et les chefs de son administration.

Le but de mon travail est d'examiner quels

sont les rapports de subordination qui doivent exister entre ces deux classes de chefs, pour le plus grand avantage de la chose publique.

TROISIÈME LETTRE.

Je vais répondre aux deux questions suivantes :

Qu'aurions-nous dû faire ?

Qu'avons-nous fait ?

J'espère que mes réponses à ces deux questions tranquilliseront complétement les honnêtes gens sur mes intentions, et que, mon but leur étant suffisamment connu, je pourrai dans les livraisons suivantes développer mes principes et en tirer des conséquences sans causer d'inquiétude à personne, et sans en éprouver moi-même d'aucune espèce.

Je diviserai l'examen de ce que nous aurions dû faire en quatre lettres, par la raison qu'il y a quatre choses que nous aurions dû faire, que nous n'avons pas faites, et qui méritent chacune de fixer séparément notre attention.

Nous aurions dû commencer par éclaircir nos

idées relativement au système politique dont nous voulons nous débarrasser, et relativement aussi au système social que réclame l'état de nos lumières. Nous aurions dû, préliminairement à toute exécution, nous faire une idée bien nette de l'un et de l'autre; cela n'était pas difficile, car on peut exprimer en peu de mots chacune de ces deux conceptions, ainsi que je vais le faire.

L'ancien système politique (je veux parler de celui qui est encore en vigueur et dont nous voulons nous débarrasser) a pris naissance au moyen âge. Deux éléments de nature très-différente ont concouru à sa formation; il a été dès son origine, et pendant toute sa durée, un composé du système théocratique et du système féodal. La combinaison de la force physique (éminemment possédée par les hommes armés), avec les moyens de ruse et d'astuce inventés par les prêtres, avait investi les chefs du clergé et ceux de la noblesse des pouvoirs souverains, et leur avait asservi tout le surplus de la population.

Un meilleur système ne pouvait pas s'établir à cette époque; car, d'une part, toutes les connaissances que nous possédions alors étant encore superficielles et vagues, la métaphysique générale contenait les seuls principes qui pussent servir de guide à nos ancêtres du moyen âge, et par conséquent, les métaphysiciens généraux devaient diriger les affaires scientifiques de la société.

D'un autre côté, le seul moyen qu'un grand peuple eut de s'enrichir, dans ces temps de barbarie, étant de faire des conquêtes, les militaires devaient être chargés de la direction des affaires nationales de chaque état particulier.

Ainsi, la base fondamentale de l'ancien système politique a été, d'une part, un état d'ignorance, d'où il résultait que les raisonnements sur les moyens d'assurer le bien-être de la société n'étaient pas appuyés sur des observations, et qu'ils ne reposaient que sur de simples aperçus.

Et, d'une autre part, un état d'inhabileté dans les arts et métiers qui (rendant les peuples incapables de produire des richesses, en améliorant par leurs travaux les matières premières) ne leur laissait d'autre moyen de s'enrichir que de s'emparer des matières premières possédées par les autres peuples.

Par l'effet des progrès de l'industrie, les peuples ont acquis les moyens de prospérer tous à la fois, en s'enrichissant par des travaux pacifiques.

D'un autre côté, des connaissances positives ont été acquises, les phénomènes de tous les genres ont été observés, et la philosophie, fondée sur l'expérience, contient aujourd'hui des principes qui peuvent guider les peuples vers la morale et le bien-être beaucoup plus sûrement que la métaphysique.

De cet état de choses, il résulte les moyens et par conséquent la nécessité de fonder un nouveau système politique.

Les bases fondamentales d'un nouveau système sont donc, d'une part, un état de civilisation qui donne aux hommes les moyens d'employer leurs forces d'une manière qui soit utile aux autres et profitable à eux-mêmes.

Et, d'une autre part, un état de lumières d'où il résulte que la société, connaissant les moyens qu'elle doit employer pour améliorer son sort, peut se guider d'après des principes, et qu'elle n'a plus besoin de confier des pouvoirs arbitraires à ceux qu'elle charge du soin d'administrer ses affaires.

Ce n'est pas la différence dans la division du pouvoir qui constitue la différence de système.

c'est la différence dans la nature et dans la quantité des pouvoirs exercés par les gouvernants sur les gouvernés.

Toutes les formes de gouvernement sont applicables à tous les systèmes politiques[1].

Tant que les gouvernants seront considérés comme les hommes les plus importants, les plus capables et les plus utiles de la société; tant qu'il sera accordé à leurs chefs d'énormes traitements pour accroître leur considération et leur pouvoir; tant que la nation leur laissera le soin de choisir les moyens qu'ils jugeront à propos d'employer pour perfectionner sa morale et pour assurer sa tranquillité, ainsi que sa prospérité; tant qu'ils seront pris, d'une part, dans la classe des métaphysiciens (c'est-à-dire des personnes qui, étant encore soumises à d'aveugles croyances, et n'ayant que des connaissances superficielles, veulent raisonner sur les faits généraux); et d'une autre part des militaires (gens dont l'occupation la plus relevée consiste à perfectionner les moyens de lutte entre les hommes), elle restera

1. Je ne veux pas dire par là que les formes du gouvernement et que le mode de division du pouvoir soient indifférents: j'entends seulement que ces choses ne sont que d'une importance secondaire.

engagée dans l'ancien système ; elle restera soumise à ce système, quelle que soit la forme du gouvernement qu'elle adopte, que cette forme soit républicaine, aristocratique, monarchique pure ou monarchique constitutionnelle ; elle y restera soumise dans le cas où elle prendra ses chefs militaires parmi les héritiers des familles féodales, comme dans celui où elle les choisira dans la classe des descendants des serfs, dans le cas où ses chefs, pour la partie scientifique, seront pris parmi les théologiens, ou choisis dans les métaphysiciens qui ont fait leur séminaire aux écoles de droit.

La nation ne se trouvera placée au point de départ de la nouvelle existence politique qu'elle doit acquérir, qu'à l'époque où elle aura clairement conscience de toute l'immoralité et de toute la monstruosité du régime social auquel elle est restée soumise jusqu'à ce jour ; qu'à l'époque où, ayant ouvert les yeux sur la combinaison des moyens de force et de ruse que la noblesse et le clergé ont employés pour l'exploiter à leur profit, elle sera décidée à démonter entièrement cette ancienne machine, et à la remplacer par une nouvelle qui soit conçue et organisée d'après les principes puisés dans la saine morale et dans la vraie philosophie; qu'à l'époque où elle aura reconnu que son gouvernement sera inévitablement arbitraire tant que ses chefs seront pris parmi les militaires et les métaphysiciens, où elle aura reconnu que ses gouvernants seront nécessairement despotes tant qu'ils seront réputés par la société les personnages les plus importants de l'État, ceux qui lui sont le plus utiles et qui méritent, par conséquent, le plus de considération; qu'à l'époque, enfin, où (ayant arrêté l'idée que sa prospérité ne peut résulter que du progrès des sciences, des beaux-arts et des arts et métiers) elle regardera les savants, les artistes et les artisans comme les hommes qui lui sont le plus utiles[1], et par conséquent, comme ceux auxquels elle doit accorder le premier degré de considération; époque heureuse pour l'espèce humaine, à laquelle les fonctions de gouvernants seront réduites à n'être plus que de la nature de celles de surveillants dans les colléges : les surveillants ne sont chargés que du soin de maintenir l'ordre; c'est aux professeurs qu'est confiée la direction des travaux des élèves. Il doit en être de même dans l'État : les savants, les artistes et les artisans doivent diriger les travaux de la nation; les gouvernants ne doivent être occupés que du soin d'empêcher que les travaux soient troublés.

Vous pouvez, si vous le désirez, mes chers compatriotes, apprécier immédiatement la valeur politique des idées que je viens de vous soumettre.

Prenez la peine de considérer (du point de vue où je vous ai placé) ce qui s'est passé depuis 1789, ainsi que les choses dont on s'occupe aujourd'hui, vous reconnaîtrez que si, dès le commencement de la crise, la nation avait admis pour principe général qu'elle devait adopter l'organisation la plus favorable aux progrès de ses connaissances positives, Robespierre n'aurait jamais pu faire gouverner la France par les sans-culottes, puisque le simple bon sens aurait prouvé à la nation que la classe la plus ignorante n'était pas capable de diriger les travaux des savants, des artistes et des artisans; par la même raison, Bonaparte n'aurait pas pu établir un gouvernement militaire, parce qu'il aurait été évident que les militaires, qui sont des consommateurs, ne sont nullement propres à diriger les travaux de l'industrie; et aujourd'hui, enfin, on ne remettrait pas en question lesquels des propriétaires oisifs ou des chefs de l'industrie doivent exercer le plus d'influence sur les élections, et la composition du ministère ne serait pas regardée comme une chose importante.

S.-S.

QUATRIÈME LETTRE.

Après nous être élevés à la conception nette du système qui peut satisfaire les désirs politiques de la très-grande majorité de la nation, dans l'état présent des lumières, nous aurions dû faire le raisonnement suivant :

Nous aurions dû dire : attendu qu'il nous est évidemment impossible d'établir immédiatement le nouveau système ; attendu que ce système a besoin d'être préparé, d'être organisé avant de pouvoir être mis en pratique, nous devons chercher à vivre de la manière la plus supportable possible, sans sortir de l'ancien système, jusqu'à l'époque où nous serons en mesure de l'abroger entièrement.

Ainsi, la seconde chose dont nous aurions dû

nous occuper en 1789 aurait dû être de résoudre la question suivante :

Quel est le mode d'organisation dans lequel l'ancien système a le moins d'inconvénient?

Cette solution n'était pas difficile à trouver, car l'expérience a prouvé que c'est la constitution anglaise, c'est-à-dire le régime parlementaire, qui est l'organisation sociale la moins vicieuse dans l'ancien système.

L'expérience l'a prouvé, puisque la nation anglaise a prospéré avec infiniment plus de rapidité que toutes les autres, depuis qu'elle a adopté cette forme de gouvernement.

Ainsi, la seconde chose que nous aurions dû faire aurait dû être d'adopter le régime parlementaire.

S.-S.

CINQUIÈME LETTRE.

Adopter la constitution anglaise comme régime provisoire, comme constitution transitoire, comme une espèce d'échafaud qu'il était nécessaire d'élever pour exécuter commodément la construction du nouvel édifice social, *est donc la seconde chose que nous aurions dû faire.*

Découvrir les moyens de perfectionner cette constitution est la troisième chose dont nous aurions dû nous occuper ; et nous devions nous tenir pour certains que nous trouverions d'importants perfectionnements à y faire, puisque plus d'un siècle s'était écoulé depuis que cette combinaison politique avait été mise en pratique, et que ce siècle était celui de tous dans lequel on s'était le plus occupé de politique.

Quel est le perfectionnement le plus important dont la constitution anglaise soit susceptible? est donc la troisième question dont nous aurions dû chercher la solution.

La constitution anglaise est entachée d'un

vice radical que nous aurions aperçu très-aisément et auquel nous aurions facilement remédié si nous avions pris la peine d'en faire l'analyse. Ce vice est la mauvaise composition de la chambre des communes.

C'est la chambre des communes qui vote l'impôt ; ainsi, l'intérêt de la nation est que cette chambre soit composée d'hommes personnellement intéressés à rendre l'impôt le plus léger possible, et la très-grande majorité des membres de la chambre des communes anglaise est intéressée à l'augmentation plutôt qu'à la diminution de l'impôt.

Un grand nombre de ces députés sont fonctionnaires publics, et les fonctionnaires publics sont obligés de seconder les désirs du gouvernement, sous peine de perdre leurs emplois ou au moins d'être privés d'avancement ; indépendamment de la dépendance directe dans laquelle ils se trouvent du ministère, leur intérêt commun les porte à désirer que le gouvernement ait beaucoup d'argent à sa disposition, puisque la portion de leur revenu, qui consiste en appointements, est nécessairement proportionnée à la quotité de l'impôt.

Les membres de la chambre des communes

qui ne sont pas fonctionnaires publics, sont pour la plupart, des propriétaires désœuvrés qui aspirent à obtenir des places dans le gouvernement pour accroître leurs revenus et leur considération; ainsi ils sont, à de légères nuances près, dans le même cas que les premiers.

Après avoir reconnu que la chambre des communes anglaise était mal composée, nous aurions dû chercher le moyen de donner une meilleure composition à la nôtre, et nous aurions trouvé facilement ce moyen, si nous l'avions cherché, car il se présente tout naturellement à l'esprit; l'expression de chambre des *communes* l'indique clairement.

La chambre des communes doit être composée des principaux membres des communes, c'est-à-dire elle doit être composée des chefs des différents genres de travaux d'industrie, car les chefs des travaux industriels sont les citoyens les plus intéressés à l'économie dans les dépenses publiques et les plus opposés à l'arbitraire, par la raison que l'impôt ne peut pas tourner à leur profit et que le pouvoir arbitraire ne peut pas être exercé par eux; le soin de la conservation et de l'accroissement de leur fortune, par les succès obtenus dans les travaux qu'ils dirigent, employant tout leur temps et les mettant dans l'impossibilité d'accepter des places dans le gouvernement.

Ainsi, en troisième lieu, nous aurions dû améliorer le régime parlementaire en composant la chambre des députés des chefs de toutes les branches de l'industrie[1].

1. A l'époque où les communes se sont rachetées, il n'y avait d'artisans que dans les villes; la culture était encore dans l'enfance et les seigneurs en possession, avec le clergé, de la presque-totalité du sol de la France, étaient propriétaires du petit mobilier aratoire qui servait à l'exploitation de leur domaine. Depuis cette époque, les choses ont bien changé à cet égard, surtout dans les départements situés au nord de la Loire. Il s'est formé une classe d'artisans qui prennent les terres à ferme, et qui les exploitent avec un mobilier qui leur appartient. Cette classe d'industriels est devenue la plus importante de toutes, et elle doit jouer le rôle le plus important dans la chambre des communes.

Il ne faut pas confondre, comme on l'a fait en politique jusqu'à ce jour, le propriétaire avec le cultivateur. *Un contrat ou une conquête suffisent pour faire un propriétaire; un mobilier et de la capacité sont indispensablement nécessaires pour constituer un cultivateur.*

Il existe encore en faveur des propriétaires territoriaux un préjugé qui retarde beaucoup les progrès de la civilisation. Beaucoup de personnes ont la bonhomie d'admettre la prétention qu'ils élèvent d'être la classe de la société la plus intéressée au maintien de l'ordre, tandis que ce fait est absolument faux, car ce sont les cultivateurs qui souffrent le plus du désordre. On pille une grange, on emmène les chevaux des écuries, on mange les vaches, les porcs et les moutons; en quelques heures on peut ruiner un fermier, tandis qu'on ne peut ni détruire ni emporter la terre. Le propriétaire n'a que son revenu d'exposé, tandis que le fermier court les risques de perdre son capital.

SIXIÈME LETTRE.

Les trois choses dont je viens de parler étant faites, nous nous serions trouvés en mesure de procéder à l'établissement du nouveau système politique, car la nouvelle composition de la chambre des communes l'aurait rendu propre à établir l'organisation sociale que réclame l'état présent des lumières ; et la chambre des communes est investie du pouvoir politique suprême, puisque c'est elle qui vote l'impôt[1].

Je vais exposer la marche que la chambre des communes (composée, comme je l'ai dit dans la lettre précédente, des chefs de l'industrie) aurait dû suivre. Pour m'expliquer d'une manière plus ferme et plus rapide, je ferai parler cette chambre :

« Il sera formé une première chambre qui portera le nom de Chambre d'*invention*.

1. Du fait qu'à la chambre des communes appartient exclusivement le droit de voter l'impôt, il résulte que cette chambre est investie du pouvoir politique suprême ; car le gouvernement ne pouvant rien faire sans argent, la chambre des communes peut lui imposer les obligations qu'elle veut, en ne lui donnant d'argent qu'aux conditions auxquelles il lui plaît de le soumettre.

« Cette chambre sera composée de trois cents « membres ; elle sera divisée en trois sections « qui pourront s'assembler séparément, mais « dont les travaux n'auront le caractère officiel « que dans le cas où elles auront délibéré en « commun.

« Chaque section pourra provoquer l'assemblée « des trois sections réunies.

« La première section sera composée de deux « cents ingénieurs civils ; la seconde de cinquante « poètes ou autres inventeurs en littérature, et la « troisième de vingt-cinq peintres, de quinze « sculpteurs ou architectes et de dix musiciens.

« Cette chambre s'occupera des travaux sui- « vants :

« Elle présentera, à l'expiration de la première « année de sa formation, un projet de travaux pu- « blics à entreprendre pour accroître les riches- « ses de la France et pour améliorer le sort de ses « habitants, sous tous les rapports d'utilité et d'a- « gréments ; elle donnera, ensuite, tous les ans, « son avis sur les additions à faire à son plan « primitif et sur les améliorations dont il lui pa- « raîtra susceptible.

« Les desséchements, les défrichements, les « percements de routes, les ouvertures de canaux,

« seront considérés comme la partie la plus im-
« portante de ce projet ; les routes et les canaux
« à faire ne devront pas être conçus seulement
« comme des moyens de faciliter les transports ;
« leur construction devra être combinée de
« manière à les rendre le plus agréables possible
« aux voyageurs[1].

« Cette chambre présentera un autre travail

1. Cinquante milliers d'arpents de terres (et plus, si cela est jugé convenable) seront choisis parmi les sites les plus pittoresques que les chemins ou que les canaux traverseront. Ces terrains seront consacrés à servir de lieu de repos pour les voyageurs et de séjour de plaisir pour les habitants du voisinage.

Chacun de ces jardins contiendra un musée des produits naturels, ainsi que des produits industriels des contrées environnantes ; ils renfermeront aussi des habitations pour les artistes qui voudront s'y arrêter, et il y sera toujours entretenu un certain nombre de musiciens, destinés à enflammer les habitants du canton de la passion dont les circonstances exigeront le développement pour le plus grand bien de la nation.

La totalité du sol français doit devenir un superbe parc à l'anglaise, embelli par tout ce que les beaux-arts peuvent ajouter aux beautés de la nature. Depuis longtemps le luxe est concentré dans les palais des rois, dans les habitations des princes, dans les hôtels et les châteaux de quelques hommes puissants. Cette concentration est très-nuisible aux intérêts généraux de la société, parce qu'elle tend à établir deux degrés de civilisation distincts, deux classes d'hommes différents, celle des personnes dont l'intelligence est développée par la vue habituelle des productions des beaux-arts, et celle des hommes dont les facultés d'imagination ne reçoivent

« qui consistera dans un projet de fêtes publi-
« ques.

« Ces fêtes seront de deux espèces : les fêtes
« d'*espérance*, et les fêtes de *souvenir*.

« Ces fêtes seront célébrées successivement
« dans la capitale, dans les chefs-lieux de dépar-
« tements et dans les chefs-lieux de cantons, afin
« que les orateurs capables (qui ne seront jamais
« très-nombreux) puissent répandre les bienfaits
« de leur éloquence.

« Dans les fêtes d'*espérance*, les orateurs
« exposeront au peuple les projets de travaux qui
« auront été arrêtés par le Parlement, et ils sti-
« muleront les citoyens à travailler avec ardeur,
« en leur faisant sentir combien leur sort se trou-
« vera amélioré quand ils auront exécuté ces
« projets.

« Dans les fêtes consacrées *aux souvenirs*,

aucun développement, les travaux matériels dont ils sont exclusivement occupés ne stimulant point leur intelligence.

Les circonstances actuelles sont favorables pour rendre le luxe national. Le luxe deviendra utile et moral quand ce sera la nation entière qui en jouira. C'est à notre siècle qu'étaient réservés l'honneur et l'avantage d'employer d'une manière directe, dans les combinaisons politiques, les progrès des sciences exactes et ceux faits dans les beaux-arts depuis la brillante époque de leur régénération.

« les orateurs s'attacheront à faire connaître au « peuple combien sa position est préférable à celle « dans laquelle ses ancêtres se sont trouvés.

« Le noyau de la chambre d'invention sera « composé :

« 1° Des quatre-vingt-six ingénieurs en chef « des ponts-et-chaussées dans les départements ;

« 2° Des quarante membres de l'Académie fran- « çaise ;

« 3° Des peintres, des sculpteurs et des musi- « ciens qui sont de l'Institut.

« Chaque membre de cette chambre jouira « d'un traitement annuel de 10,000 francs.

« Il sera mis tous les ans à la disposition de « cette chambre une somme de 12 millions « qu'elle emploiera en encouragements pour les « inventions qu'elle jugera utiles. La première « section disposera de 8 millions, et les deux « autres de 2 millions chacune.

« Le noyau de cette chambre procédera de lui- « même à se compléter.

« La chambre se constituera elle-même, c'est-à- « dire, elle fixera elle-même les conditions qui « devront être remplies pour être électeur, ainsi « que celles qui seront exigées des candidats. Ses

« membres ne pourront pas être nommés pour
« plus de cinq années, mais ils seront indéfiniment
« rééligibles, et la chambre pourra adopter le
« mode de remplacement qu'elle voudra.

« Cette chambre pourra s'associer cent mem-
« bres nationaux et cinquante étrangers. Les
« associés auront le droit de siéger à la chambre;
« ils y auront voix consultative.

« Il sera formé une seconde chambre qui
« prendra le nom de Chambre d'*examen*.

« Cette chambre se composera de trois
« cents membres, dont cent physiciens occupés
« de la physique des corps organisés, cent phy-
« siciens occupés de la physique des corps bruts,
« et cent mathématiciens.

« Cette chambre sera chargée de trois espèces
« de travaux.

« Elle examinera tous les projets présentés
« par la première chambre, et elle dira son
« opinion détaillée et motivée sur chacun de
« ces projets.

« Elle fera un projet d'éducation publique
« générale. Ce plan sera divisé en trois degrés
« d'enseignement, correspondant à trois degrés
« d'aisance différente des citoyens. Il aura pour
« objet de rendre les jeunes gens les plus capa-

« bles possible de concevoir, de diriger et d'exé-
« cuter des travaux utiles.

« Attendu que tout citoyen est le maître de « professer la religion qu'il veut, et, par consé- « quent, qu'il peut faire élever ses enfants dans « celle qu'il préfère, il ne devra être nullement « question de religion dans le plan d'éducation « que cette chambre présentera.

« Quand le projet aura été admis par les deux « autres chambres, celle d'examen sera chargée « de son exécution, et elle conservera la sur- « veillance de l'instruction publique.

« Le troisième travail dont cette chambre « devra s'occuper sera un projet de fêtes publi- « ques de l'espèce suivante :

« Fêtes des hommes, fêtes des femmes, fêtes « des garçons, fêtes des filles, fêtes des pères « et mères, fêtes des enfants, fêtes des chefs « d'ateliers, fêtes des ouvriers.

« Dans chacune de ces fêtes, des orateurs « nommés par la chambre d'examen feront un « discours sur les devoirs sociaux de ceux en « l'honneur de qui la fête sera célébrée.

« Chaque membre de cette chambre jouira « d'un traitement annuel de 10,000 francs.

« Il sera mis tous les ans à la disposition de

« cette chambre une somme de 25 millions, « qui sera employée par elle aux dépenses « qu'exigeront les écoles publiques et aux « encouragements à donner pour hâter les pro- « grès des sciences physiques et mathématiques.

« La chambre d'*examen* se constituera en « remplissant les mêmes conditions que la « chambre d'*invention*.

« Ce sera la classe des sciences physiques et « mathématiques de l'Institut qui fournira le « noyau de cette chambre.

« La chambre d'examen pourra s'associer « cent membres nationaux et cinquante étran- « gers, qui auront voix consultatives.

« La chambre des communes se reconsti- « tuera quand les deux premières seront formées; « elle prendra alors le nom de chambre d'*exé- « cution*.

« Cette chambre aura soin que, dans sa nou- « velle composition, chaque branche de l'Industrie « soit représentée, et qu'elle ait un nombre de « députés proportionné à son importance.

« Les membres de la chambre d'exécution ne « jouiront d'aucun traitement, attendu qu'ils « doivent tous être riches, ne pouvant être

« choisis que parmi les principaux chefs des « maisons d'industrie.

« La chambre d'exécution sera chargée de « diriger l'exécution de tous les projets arrêtés ; « elle seule sera chargée d'établir l'impôt et de « le faire percevoir.

« Les trois chambres réunies formeront le Par- « lement nouveau, lequel sera investi du pouvoir « souverain, tant constitutionnel que législatif.

« Chacune des trois chambres aura le droit « de convoquer le Parlement.

« La chambre d'exécution pourra appeler « l'attention des deux autres sur les objets « qu'elle jugera convenables.

« Ainsi tout projet sera présenté par la pre- « mière chambre, examiné par la seconde, et « ne sera définitivement adopté que par la troi- « sième.

« S'il arrivait jamais qu'un projet présenté par « la première chambre fût rejeté par la seconde, « pour éviter toute perte de temps, il serait « renvoyé à la première, sans avoir passé par la « troisième. »

Je vais, maintenant, mes chers compatriotes, vous dire les trois premières choses, que le nouveau Parlement aurait dû faire : je parlerai en son nom, de même que je viens de m'exprimer au nom de la Chambre des communes.

« Tous les Français (particulièrement les juris-« consultes) seront invités à présenter un nou-« veau système de lois civiles et un nouveau « système de lois criminelles, qui soient en « rapport avec le nouveau système politique. La « propriété devra être reconstituée et fondée sur « les bases qui peuvent la rendre la plus favo-« rable à la production.

« Tous les projets présentés au Parlement « seront publiés aux frais de la nation[1]. Le « Parlement choisira le projet de code civil et le « projet de code criminel qui lui paraîtront les « meilleurs ; il accordera une récompense impor-« tante à leurs auteurs, et il les admettra dans les « chambres lors de la discussion des codes qu'ils « auront présentés, en leur donnant voix « consultative dans cette discussion.

« Tous les Français (particulièrement les « ingénieurs militaires) seront invités à « présenter un projet de défense générale du

1. Les projets ne seront point imprimés en totalité ; il en sera seulement publié des extraits, et ces extraits ne pourront pas contenir plus d'une feuille d'impression.

« territoire. Ce projet devra être conçu de « manière à exiger le moins de troupes permanentes possible. Les auteurs de ces travaux « ne devront pas perdre de vue que tous les « moyens employés pour la défense de notre « territoire deviendront inutiles, et qu'ils devront « être abandonnés dès l'instant que les peuples « voisins auront adopté le même système de « politique que la nation française.

« Il sera accordé une récompense nationale à « l'auteur du projet qui sera préféré.

« Il sera fait un emprunt de 2 milliards, avec « fonds d'amortissement, pour indemniser les « personnes aux intérêts pécuniaires desquelles « l'établissement du nouveau système politique « aura causé quelque dommage.

« Une récompense nationale sera accordée à « l'auteur de l'ouvrage qui remplira le mieux « les trois conditions suivantes :

« 1° Démontrer la supériorité du nouveau « système politique sur l'ancien ;

« 2° Établir le meilleur mode de répartition « de l'indemnité de 2 milliards accordée à ceux « dont les intérêts auront été lésés par l'établissement du nouveau système ;

« 3° Prouver que la somme de 2 milliards « accordée en indemnité aux personnes intéressées à s'opposer à l'établissement du nouveau système est extrêmement peu considérable, en comparaison des avantages que « l'établissement paisible du régime libéral « procurera à la nation. »

Voilà, mes chers compatriotes, le premier aperçu de ce que je pense sur ce que nous aurions dû faire, sur ce que nous devons faire.

S.-S.

P.-S. — Aurait-il fallu beaucoup de temps? en faudrait-il beaucoup pour établir la constitution dont je viens de donner l'esquisse? C'est ce que j'examinerai dans la lettre suivante.

SEPTIÈME LETTRE.

Quand j'ai exposé, dans la lettre précédente, un projet d'organisation sociale, fondé sur les principes que les nations les plus civilisées me paraissent devoir adopter aujourd'hui, j'ai cédé, mes chers compatriotes, au besoin de vous indiquer d'avance l'ensemble de mon opinion politique, afin de vous faire connaître le plus tôt possible le but et l'esprit de cet ouvrage. Mais je ne me suis point dissimulé qu'un système de mesures aussi neuves, présenté sous la forme d'un simple énoncé, sans être appuyé par aucun raisonnement, devait nécessairement rencontrer les plus grands obstacles à s'introduire dans les têtes, et paraître, de prime abord, tout à fait impraticable, même aux esprits les plus philosophiques. J'ai donc prévu que les jugements les plus favorables sur la valeur intrinsèque de ces mesures seraient purement abstraits, et que le système commencerait par être classé parmi les utopies. Quel que soit l'inconvénient de cette première sensation, je n'en persiste pas moins à croire, en thèse générale, que l'énoncé doit précéder la démonstration. Cette exposition sommaire de l'ensemble de mes idées a fixé le but de tous mes travaux ultérieurs, car ils n'auront pas d'autre objet que de développer et de fortifier par des démonstrations le système dont j'ai présenté les bases.

Les raisonnements que j'emploierai pour cela

seront en général de deux espèces : les uns consisteront à établir les avantages de ce système ; les autres tendront à prouver que, abstraction faite de tous ses avantages, il est, quant à ses dispositions principales, un résultat forcé de la marche que la civilisation a suivie depuis sept à huit siècles ; d'où il résultera la preuve que ce n'est point une utopie.

Cette seconde classe de raisonnements est la plus importante, car il est certain qu'on ne résiste point à la marche de la civilisation ; il suffit donc de constater quel est le système dont elle provoque aujourd'hui l'établissement, pour qu'on doive se déterminer à l'adopter. Mais avant d'entreprendre cet examen qui sera l'objet de la lettre suivante, je crois devoir présenter dans celle-ci quelques considérations préliminaires sur cette disposition, générale parmi nous, à traiter d'utopie tout projet de perfectionnement important de l'ordre social.

Cette disposition est en nous le résultat d'une éducation politique vicieuse, d'une étude mal faite de l'histoire, ou plutôt de l'imperfection des ouvrages sur l'histoire, car l'histoire serait nécessairement bien étudiée si elle était bien faite.

En effet, qui dit utopie dit incertitude de la

possibilité, ou impossibilité, sentie d'une manière vague, de l'exécution d'un nouveau système d'organisation sociale. Or, ce vague et cette incertitude, à quoi tiennent-ils, si ce n'est au peu d'habitude que nous avons de considérer la grande série des faits historiques relatifs à la marche de la civilisation, ou, pour mieux dire, à l'ignorance complète où l'éducation nous laisse d'ordinaire à cet égard?

Si nous étions aussi familiarisés avec cette série d'observations que nous le sommes peu, nous jugerions presque subitement si, en aperçu, tel perfectionnement proposé est praticable, ou bien s'il ne l'est pas, et, dans ce dernier cas, par quel motif.

Un projet quelconque d'amélioration du système social serait alors à nos yeux ou une combinaison évidemment vicieuse, ou une tentative précoce et anticipée, ou enfin une théorie présentée dans un moment opportun pour son exécution, et qui doit fixer immédiatement l'attention publique.

Dans tous les cas, l'idée d'utopie disparaîtrait parce qu'elle ne signifie rien autre chose que notre incertitude relativement à celle de ces trois catégories à laquelle doit correspondre le projet donné. — Pourquoi, par exemple, le projet de paix perpétuelle, conçu par Henri IV et développé par l'abbé de Saint-Pierre a-t-il été traité d'utopie? C'est uniquement parce que, tout en le trouvant impraticable, on ne sentait pas et on n'était pas en état d'indiquer en quoi consistait le vice de la combinaison proposée par ces deux publicistes[1]. Et pourquoi ne le pouvait-on pas ? Parce que l'on ne considérait point la grande série des observations historiques, qui eût montré d'abord, jusqu'à l'évidence, qu'il était absurde de vouloir faire maintenir la paix par des pouvoirs d'une nature toute militaire et constamment militaire depuis leur origine ; et, en second lieu, qu'un tel projet ne deviendrait praticable qu'à l'époque

1. On sera certainement surpris de me voir employer l'expression de publiciste en parlant de Henri IV, mais il n'en est pas de plus juste pour rendre ma pensée sur ce grand homme. Considérons que dans ce siècle si peu éclairé, et malgré l'influence du trône, il songea nettement à une organisation sociale, fondée sur des principes vraiment libéraux, ce qui est prouvé par le vœu de *la poule au pot*, quant à la politique intérieure et, quant à la politique extérieure, par le projet de *paix perpétuelle*.

Un tel homme a mérité sans doute le titre de publiciste ; c'est à ce titre, et non comme preneur de villes et donneur de batailles, que Henri IV doit obtenir l'estime et la vénération de tous les siècles ; c'est sous ces traits qu'il devrait être gravé dans nos souvenirs et représenté dans nos monuments nationaux, au lieu d'y figurer l'épée à la main, couvert de son armure et monté sur son cheval de bataille.

où, par l'effet du progrès des lumières et de la civilisation, le pouvoir de diriger la Société se trouverait placé entre les mains d'hommes essentiellement pacifiques, c'est-à-dire entre les mains des artistes, des savants et des artisans.

Le passé, mes chers compatriotes, nous offre des exemples si sensibles de changements, qui d'abord paraissaient absolument impraticables, et qui néanmoins se sont pleinement effectués, même en peu de temps, que si l'histoire, à la manière dont elle est faite, ne nous masquait pas presque toutes les observations intéressantes, notre tendance naturelle et irréfléchie à traiter de rêve d'un homme de bien toute innovation philosophique un peu importante serait absolument inexplicable. Dans le grand nombre de faits par lesquels je pourrais établir cette vérité, j'en choisirai deux qui, j'espère, la mettront dans tout son jour.

1er exemple. — La connaissance du double mouvement de la terre et de sa vraie position, ainsi que de ses dimensions réelles, nous est aujourd'hui si familière ou, pour mieux dire, si naturelle, que nous avons beaucoup de peine à imaginer qu'on ait jamais pu considérer la terre comme plus grosse que le soleil, et comme le centre de tous les mouvements célestes. Voilà cependant où en était toute l'espèce humaine, il n'y a pas encore trois siècles.

Reportons-nous un instant par la pensée à cet état d'ignorance.

Qu'auriez-vous dit, mes chers compatriotes, à Copernic ou plutôt à Galilée, qui est le véritable auteur du changement de la doctrine astronomique? Qui de vous n'eût pas traité d'innovation impraticable son projet de détruire une croyance si universelle, si profondément enracinée? En effet, il n'y eut jamais, en apparence, d'innovation d'un succès aussi peu vraisemblable; cependant ce changement inouï s'est opéré dans l'intervalle de deux à trois générations, et le vieux Galilée a joui du bonheur de voir, à la fin de sa carrière, se former en Italie une société destinée à soutenir et à propager cette même doctrine pour laquelle il avait été persécuté!

Qui a opéré ce prodige?

La seule force de la démonstration; force qui n'a été jusqu'à présent considérée que comme d'un effet lent et d'une importance secondaire. La vivacité de l'action de cette force et son empire irrésistible se sont clairement caractérisés dans cette occasion, puisque l'on peut dire qu'elle avait à lutter contre toutes les autres forces humaines réunies. Il s'agissait d'une doctrine dont la vérité (si difficile à apercevoir) choquait directement des intérêts alors tout-puissants, en même temps qu'elle soulevait contre elle tout ce qu'il y a d'orgueil dans la tête et dans le cœur de l'homme.

2e *exemple.* — Un moine dans sa cellule, seul, sans ressources, sans appui, sans réputation, sans influence d'aucun genre, forme le projet d'abolir le pouvoir papal. Comment, aurions-nous dit à cette époque, Luther peut-il concevoir une pareille utopie et espérer le succès d'un projet aussi insensé?

Mais ce moine avait observé la marche de l'esprit humain, ce que tout autre jugeait impossible, il l'avait reconnu inévitable et mûr pour l'exécution. Il se décide, et, dès la première année, il détermine le commencement de la réforme, qui a détruit l'autorité pontificale dans la moitié de l'Europe, et qui en a ébranlé les fondements dans l'autre moitié.

Les historiens n'ayant point fixé jusqu'à ce jour notre attention sur la marche de la civilisation, nous perdons de vue, en examinant le passé dans les relations qu'ils nous présentent, que tous les grands changements qui se sont opérés avaient été préparés pendant un long intervalle de temps avant de commencer à se prononcer, ou plutôt nous ignorons le fait général des progrès successifs de l'esprit humain. La vue de ces changements nous étonne et ne nous instruit point, parce que nous les voyons mal. Tant qu'on n'aura pas remédié à cette grande imperfection, nos esprits seront rebelles à tous les perfectionnements de l'ordre social, car ils ne sauront jamais distinguer ce qui est praticable d'avec ce qui ne l'est pas.

L'histoire est, dit-on, *le bréviaire des peuples et des rois*; cela est incontestable en fait comme en principe, et il est, par conséquent, incontestable que si l'histoire est mal faite, les peuples et les rois doivent avoir commis beaucoup de fautes, et qu'ils ne cesseront pas d'en commettre tant que l'histoire sera mal faite ; or, je dis que tous les ouvrages écrits jusqu'à ce jour sur l'histoire ont été mal conçus. Permettez-moi, mes chers compatriotes, de donner quelques développements à cette assertion importante.

Une considération qui doit faire naturellement

présumer que l'histoire, non-seulement telle qu'on l'enseigne, mais telle même qu'elle est conçue et cultivée par les esprits les plus philosophiques, n'a point encore le caractère qu'elle doit avoir, c'est qu'elle est classée dans toutes les têtes comme une branche de la littérature. Ce fait prouve que l'histoire est encore loin d'être une simple série d'observations sur la marche et le développement de la civilisation ; car elle serait alors classée au rang des véritables sciences ; elle ne pourrait plus être cultivée que par des hommes capables d'observer l'état social sous toutes ses faces, et d'ailleurs habitués par des études scientifiques à coordonner des faits pour en induire des lois générales et à suivre des raisonnements. Nous arriverons à la même conclusion d'une manière plus frappante, en jetant un coup d'œil sommaire sur ce que l'histoire a été jusqu'à présent.

Jusque vers le milieu du dernier siècle, l'histoire n'a presque jamais été qu'une biographie du pouvoir, dans laquelle les nations ne figurent que comme instruments et comme victimes, et où se trouvent clair-semées çà et là quelques notions épisodiques sur la civilisation des peuples. A la vérité, les philosophes du XVIIIe siècle ont fait justice d'un tel caractère, et l'impulsion qu'ils ont donnée a produit, chez les Anglais principalement, une série d'ouvrages historiques infiniment supérieurs à tous ceux qui les avaient précédés. Mais, malgré ce précieux résultat, il faut convenir que la philosophie du siècle dernier n'a pas été plus loin que la simple critique. Sur ce point, comme sur tous les autres, elle a bien mieux établi ce qu'il fallait éviter que ce qu'il fallait faire. Si tous les hommes éclairés sentent aujourd'hui que l'histoire ne consiste pas dans l'insipide tableau des hauts faits de l'astuce et de la force, il en est peu, il est peu d'historiens même qui aient nettement compris le véritable objet et le véritable but des grands travaux historiques.

Plusieurs, il est vrai, et surtout Hume, ont fixé leur principale attention sur la marche de la civilisation, et ils ont présenté sur ce sujet un grand nombre de vues judicieuses et profondes; mais ces améliorations n'ont guère été que partielles. Les observations ont bien été, depuis cette époque, dirigées en général dans un meilleur esprit; mais elles n'en ont pas moins continué à être coordonnées de la même manière, ainsi qu'un vieux château dont la distribution intérieure serait refaite à la moderne, tandis que le plan et l'extérieur seraient restés gothiques. On peut en présenter une preuve sensible. Si l'histoire eut été réellement conçue dans son ensemble, comme une série d'observations sur la marche de la civilisation, on eût, sans doute, pris naturellement cette marche pour base de la distribution des époques, on eût ordonné d'après elle la série des observations. Au lieu de cela l'ancienne division par dynasties et par règnes a été maintenue par les meilleurs historiens, comme s'il s'agissait toujours de la biographie des familles souveraines. On voit donc que la réforme de l'histoire n'a porté encore que sur le choix des matériaux et non sur la manière d'en considérer l'ensemble. Ainsi cette réforme est incomplète, et cela sous le rapport le plus essentiel; de sorte que l'histoire n'est encore constituée qu'à moitié sur ses nouvelles bases[1], car si le choix du mode de division et de coordination peut sembler presque indifférent aux esprits superficiels, tous ceux qui considèrent les choses d'une manière

1. L'ouvrage de Condorcet intitulé : *Esquisse d'un Tableau historique des progrès de l'esprit humain*, est une tentative pour constituer l'histoire d'une manière vraiment philosophique, en la traitant comme une véritable science; mais ce

scientifique savent bien que, dans tous les travaux systématiques, c'est la partie la plus importante.

Outre la raison générale que je viens de développer, il en est une particulière, mais très-importante, et qui a mis également jusqu'à ce jour un obstacle insurmontable à ce que l'histoire fût traitée de façon à fournir une instruction politique saine : c'est le peu d'attention et le peu d'importance que la plupart des historiens ont donné au moyen âge. Cette période est celle de toutes qu'il importe le plus d'approfondir, et c'est précisément la moins observée, c'est aussi celle qui l'a été le plus mal. On l'a vue presque constamment avec le préjugé que, dans tout cet intervalle, la civilisation a rétrogradé, quand, au contraire, elle a fait alors des progrès du premier ordre, les plus importants qui aient eu lieu jusqu'à présent, et qui doivent nous faire envisager le moyen âge comme le véritable berceau de notre civilisation

n'est qu'une tentative suffisante pour marquer le but, tout à fait insuffisante pour l'atteindre, de sorte que le travail est encore à exécuter.

A quelqu'époque qu'il soit entrepris, il n'en restera pas moins à Condorcet l'honneur éternel d'avoir le premier conçu nettement, dans toute sa généralité, cette grande idée philosophique, et d'en avoir facilité l'exécution.

moderne, comme l'époque où elle en a reçu un caractère distinct de celle des peuples de l'antiquité.

On conviendra, sans doute, d'après tout ce qui précède, que l'histoire n'a pas été et n'a pu être faite jusqu'à ce jour de manière à nous donner une idée tant soit peu nette et juste de la marche de la civilisation. Or, c'est là, je le répète, ce qui vicie radicalement notre éducation politique, ce qui nous empêche de distinguer, pour ainsi dire, à la première vue, quels perfectionnements sont dans la série naturelle du développement de l'état social et quels n'y sont pas, et de reconnaître, par conséquent, quels sont impraticables, quels praticables, et dans quel ordre ils le sont. Marchant presque les yeux fermés, dans une route que nous ne connaissons pas, nous nous croyons quelquefois voisins de ce qui est très-éloigné, et plus souvent, au contraire, nous croyons fort loin ce qui est tout près.

Je vais donc essayer, mes chers compatriotes, de refaire sommairement avec vous ce travail fondamental, sans lequel nous ne pourrions que nous égarer, et dont nous aurions été, vous et moi, dispensés en très-grande partie si les historiens eussent mieux fait leur métier. C'est à vous qu'il appartiendra de décider, après avoir examiné cette série d'observations, si le système dont je vous ai présenté l'esquisse dans la lettre précédente n'est qu'une chimérique utopie, ou bien s'il est, quant à ses bases, le résumé fidèle des progrès de la civilisation depuis huit siècles.

S.-S.

P.-S.—En disant que, jusqu'ici, l'histoire me semble avoir été mal conçue, je n'ai pas prétendu établir que les travaux historiques entrepris de nos jours sont dans une mauvaise direction. Cette assertion serait, au contraire, diamétralement opposée à ma manière de voir.

L'époque actuelle me paraît être celle où doit s'opérer la réforme intégrale de l'histoire.

Les ouvrages historiques de M. Lémontey, de M. Raynouard, de M. Daru et de plusieurs autres, tels surtout que MM. de Volney et Daunou, sont les indices, les éléments et les précurseurs de cette réforme, par l'esprit vraiment philosophique dans lequel ils sont écrits. Mais, tous ces écrivains n'ayant traité que des points particuliers à l'histoire de la civilisation, ce travail général et fondamental reste encore à faire.

Aucun auteur que je connaisse n'a marché dans la ligne tracée par Condorcet, et n'a tenté d'établir directement la grande série des progrès successifs de l'esprit humain. Il y a cependant aujourd'hui assez de termes principaux bien éclairés pour que cette série puisse être posée d'une manière générale. C'est là que nos historiens philosophes me paraissent devoir actuellement porter toutes leurs forces, pour les employer le plus utilement et le plus glorieusement possible. Quand ce travail aura été exécuté, tous les travaux particuliers s'y rattacheront d'eux-mêmes à leurs places naturelles; mais il faut évidemment que la série soit établie d'abord.

La lettre suivante, mes chers compatriotes, sera un premier exemple de la manière dont l'histoire me paraît devoir être conçue. Ce sera un premier échantillon du procédé par lequel on peut extraire de l'histoire des observations générales, propres à servir de base à la politique, propres à élever cette science au rang de nos connaissances positives, en la dégageant des croyances aveugles sur lesquelles elle est encore fondée.

HUITIÈME LETTRE.

Tout grand changement exige incontestablement beaucoup de temps; mais il est aussi incontestable que cette condition du temps peut, indifféremment, être remplie de deux manières, avant ou après l'époque où la volonté d'effectuer le changement se prononce.

Le changement que je propose d'effectuer dans l'organisation sociale est très-grand sans doute; il est le plus grand possible en politique, puisqu'il consiste dans le passage d'un système à un autre, fondé sur des principes absolument opposés. Mais il faut observer que, depuis huit siècles, le système dont nous voulons nous débarrasser a toujours perdu, tandis que celui dont je propose l'établissement a toujours gagné dans les esprits. Ce dernier système est une voûte immense, à laquelle nos pères ont travaillé pendant huit cents ans, et dont la génération actuelle est destinée à poser la clé. Tel est le fait fondamental dont je me propose d'établir, dans cette lettre, une première démonstration.

Le système que la marche de la civilisation

nous appelle à remplacer était la combinaison du pouvoir spirituel, ou papal et théologique; et du pouvoir temporel, ou féodal et militaire.

La naissance de ce système doit être rapportée, quant au pouvoir spirituel, au commencement de la prédication du Christianisme en Europe, c'est-à-dire vers le troisième ou quatrième siècle. Quant au pouvoir temporel, on doit placer son origine aux premières grandes tentatives d'établissement des peuples du Nord dans le sud de l'Europe et aux premiers démembrements de l'Empire romain, c'est-à-dire à peu près à la même époque.

La constitution définitive de ces deux pouvoirs a eu lieu dans le onzième et le douzième siècles. A cette époque, d'une part, la féodalité s'est établie universellement sur des bases fixes comme pouvoir national, et, d'une autre part, l'autorité du saint-siége a été complétement organisée comme pouvoir européen.

Arrêtons-nous un instant sur cette époque remarquable pour faire deux observations importantes.

En premier lieu, cette double organisation s'est effectuée en peu de temps et sans beaucoup de difficultés, parce qu'elle avait été graduellement préparée pendant les sept à huit cents ans qui s'étaient écoulés depuis l'origine des deux pouvoirs.

L'établissement du pouvoir temporel était la suite du renversement de la puissance romaine par les peuples septentrionaux. Si ce pouvoir ne s'est pas constitué aussitôt après que cette puissance a été totalement anéantie, c'est qu'il était évidemment nécessaire pour cela qu'on eût d'abord mis un terme au système d'irruption, ce qui s'effectua par les conquêtes des nations établies les premières sur celles qui entreprenaient de nouvelles invasions en Europe. Tel a été l'objet des guerres de Charlemagne contre les Saxons et les Sarrasins, et ensuite des Croisades.

La constitution du pouvoir spirituel avait été préparée par le renversement du polythéisme en Europe et par l'établissement de la religion chrétienne, dont le clergé nombreux s'était répandu dans toute l'Europe.

Lorsque, à la fin du xe siècle, le pape Hildebrand commença à proclamer directement la supériorité de l'autorité pontificale comme pouvoir européen sur les pouvoirs nationaux, il ne fit autre chose que résumer un principe, dont les bases étaient déjà établies dans toutes les têtes, ou, en d'autres termes, rédiger une croyance dont tous les éléments étaient depuis longtemps adoptés.

En second lieu, la coïncidence des deux pouvoirs, quant à l'époque de leur origine et quant à celle de leur constitution définitive, mérite d'être notée. Nous pourrons observer la même analogie, par rapport à leur décadence, et cette simultanéité constante tend à prouver (indépendamment du raisonnement, qui montre ces deux pouvoirs comme appuyés l'un sur l'autre) qu'ils doivent disparaître en même temps ; que le pouvoir temporel ne saurait être remplacé par un pouvoir d'une nature différente sans qu'un remplacement analogue n'ait lieu pour le pouvoir spirituel, et réciproquement.

Ce système social avait pris naissance pendant la durée du système précédent et même à l'époque où celui-ci venait d'atteindre son développement intégral. Pareillement, lorsque le système féodal et théologique s'est constitué au moyen âge, le germe de sa destruction commençait à naître, les éléments du système qui doit le remplacer aujourd'hui venaient d'être créés.

En effet, quant au pouvoir temporel, c'est au

XIe et XIIe siècle qu'a commencé l'affranchissement des communes. Quant au pouvoir spirituel, c'est à peu près en même temps que les sciences positives ont été introduites en Europe par les Arabes.

Fixons toute notre attention, mes chers compatriotes, sur ce fait capital, qui est le véritable point de départ de la série d'observations par laquelle nous devons aujourd'hui illuminer notre politique.

La capacité industrielle ou des arts et métiers est ce qui doit se substituer au pouvoir féodal ou militaire.

A l'époque où la guerre était et devait être regardée comme le premier moyen de prospérité pour les nations, il était naturel que la direction des affaires temporelles de la société fût entre les mains d'un pouvoir militaire, et que l'industrie, classée comme subalterne, ne fût employée que comme instrument. Au contraire, quand les sociétés sont enfin convaincues par l'expérience que le seul moyen pour elles d'acquérir de la richesse consiste dans l'activité pacifique, c'est-à-dire dans celle des travaux industriels, la direction des affaires temporelles doit naturellement passer à la capacité industrielle, et la force militaire, à son tour, ne peut plus être classée qu'en subalterne, comme une force purement passive, destinée même vraisemblablement à devenir un jour tout à fait inutile.

Or, l'affranchissement des communes a posé la base de ce nouvel état de choses; il en a préparé la possibilité, et même la nécessité, qui s'est ensuite développée de plus en plus, ainsi que nous le prouverons bientôt. Cet affranchissement a constitué la capacité industrielle, puisqu'il a établi pour elle une existence sociale indépendante du pouvoir militaire.

Avant cette époque, outre que les artisans pris collectivement étaient dans la dépendance absolue des militaires, chacun d'eux était entièrement soumis à l'arbitraire individuel du possesseur de la terre dont il faisait partie.

L'affranchissement, en laissant subsister le premier genre d'arbitraire, anéantit le second, et par suite créa le germe de la destruction du premier. Auparavant, les artisans ne possédaient rien en propre, tout ce qu'ils possédaient et eux-mêmes appartenaient à leur seigneur; ils n'avaient que ce qu'il voulait bien leur laisser. L'affranchissement créa une propriété industrielle ayant pour origine le travail, propriété distincte, indépendante et bientôt rivale de la propriété territoriale, qui était purement d'origine et de nature militaire.

Par cette mémorable innovation, la capacité industrielle put se développer, se perfectionner, s'étendre, et les nations purent s'organiser dans toutes leurs parties sur une base industrielle, la tête seule de la société restant militaire, ainsi que la direction générale dont elle continuait à demeurer en possession.

Faisons, pour le pouvoir spirituel, des observations analogues à celles que nous venons de faire pour le pouvoir temporel.

La capacité scientifique positive est de même ce qui doit remplacer le pouvoir spirituel.

A l'époque où toutes nos connaissances particulières étaient essentiellement conjecturales et métaphysiques, il était naturel que la direction de la société, quant à ses affaires spirituelles, fût entre les mains d'un pouvoir théologique, puisque les théologiens étaient alors les seuls métaphysiciens généraux. Au contraire, quand une fois toutes les parties de nos connaissances sont uniquement fondées sur des observations, la direction des affaires spirituelles doit être confiée à la capacité scientifique positive, comme étant évidemment très-supérieure à la théologie et à la métaphysique.

Or, l'introduction des sciences positives en Europe par les Arabes a créé le germe de cette importante révolution, qui est aujourd'hui pleinement terminée, quant à nos connaissances particulières, et quant à nos doctrines générales pour la partie critique.

A peine les Arabes eurent-ils commencé à établir, dans les parties de l'Europe qu'ils avaient conquises, des écoles pour l'enseignement des sciences d'observation, qu'une ardeur générale dirigea tous les esprits distingués vers cette nouvelle lumière. Des écoles semblables s'élevèrent bientôt dans toute l'Europe occidentale; des observatoires, des salles de dissection, des cabinets d'histoire naturelle, furent institués en Italie, en France, en Angleterre, en Allemagne. Dès le XIIIe siècle, Roger Bacon cultivait avec éclat les sciences physiques. La supériorité du positif sur le conjectural, de la physique sur la métaphysique, fut tellement sentie dès l'origine, même par le pouvoir spirituel, que plusieurs membres éminents du clergé, et entre autres deux papes, à peu près vers la même époque, allèrent compléter leur éducation à Cordoue, en y étudiant les sciences d'observation sous des professeurs arabes.

Ainsi, en résumant les observations précédentes, nous pouvons poser en principe de fait, qu'au moment où le système féodal et théologique fut définitivement organisé, les éléments d'un nouveau système social commencèrent à se former. Une capacité temporelle positive, c'est-à-dire la capacité industrielle, prit naissance à côté du pouvoir temporel, parvenu à son entier développement; et une capacité spirituelle positive, c'est-à-dire la capacité scientifique, s'éleva derrière le pouvoir spirituel, à l'instant où il commençait à développer toute son activité[1].

Avant de passer à l'examen des faits ultérieurs, considérez, je vous prie, mes chers compatriotes, cette différence remarquable entre les deux systèmes, qui se montre dès la naissance

1. La division de la société et de tout ce qui la concerne en temporel et spirituel, doit subsister dans le nouveau système comme dans l'ancien. Cette division, qui n'existait pas chez les Romains, est le perfectionnement le plus capital dans l'organisation sociale qui ait été fait par les modernes. C'est là ce qui a primitivement fondé la possibilité de faire de la politique une science, en permettant de rendre la théorie distincte de la pratique. Seulement cette division, dans le nouveau système, n'est plus entre deux pouvoirs, mais entre deux capacités.

du nouveau, et que j'ai tâché de rendre par l'opposition des mots pouvoir et capacité. Je ne dis pas : un nouveau pouvoir s'élève à côté de chacun des deux pouvoirs anciens, mais : une *capacité* s'élève à côté d'un *pouvoir*. C'est, en d'autres termes, l'action des principes qui naquit alors, pour se substituer aujourd'hui à l'action des hommes, la raison pour remplacer la volonté, ainsi que je l'expliquerai plus amplement dans le *Second Extrait* qui se trouvera à la fin de cette livraison.

Le pouvoir temporel dans l'ancien système étant militaire, exigeait, par sa nature, le plus haut degré d'obéissance passive, de la part de la nation. Au contraire, dans la capacité industrielle, envisagée comme devant diriger les affaires temporelles de la société, l'arbitraire n'entre point et ne saurait entrer, puisque, d'une part, tout est jugeable dans le plan qu'elle peut former pour travailler à la prospérité générale, et d'une autre part, l'exécution de ce plan ne peut exiger qu'un très-faible degré de commandement des hommes, à l'égard les uns des autres.

De même, le pouvoir spirituel, étant de sa nature conjectural, devait nécessairement demander le plus haut degré de confiance et de soumission d'esprit. C'était là une condition indispensable à son existence et à son action. Au contraire, la capacité scientifique positive, conçue comme dirigeant les affaires spirituelles de la société, n'exige ni croyance aveugle, ni même confiance, au moins de la part de tous ceux qui sont susceptibles d'entendre les démonstrations : quant aux autres, l'expérience a suffisamment prouvé que leur confiance dans les démonstrations unanimement arrêtées entre les savants positifs ne peut jamais leur être aucunement préjudiciable, et que ce genre de confiance, en un mot, n'est point susceptible d'abus.

Ainsi, on peut considérer, si on veut, la capacité scientifique positive comme donnant lieu à un pouvoir, en tant qu'elle crée une force ; mais c'est le pouvoir de démonstration, au lieu du pouvoir de révélation.

Tel est donc notre point de départ.

Au XIe siècle, le pouvoir temporel et le pouvoir spirituel se sont définitivement constitués, et en même temps deux capacités positives ont commencé à se former derrière ces deux pouvoirs, et à préparer leur décadence et leur remplacement. En un mot, un système s'est établi et un autre a pris naissance. Depuis cette époque, ces deux systèmes ont toujours coexisté en se choquant, tantôt sourdement, tantôt ouvertement, et de manière que le premier a de plus en plus perdu de ses forces, tandis que le second en a de plus en plus acquis.

L'examen du passé se divise donc, à partir de cet instant, en deux séries contemporaines, celle des observations sur la décadence de l'ancien système, et celle de l'élévation du nouveau. C'est aussi la division que nous allons suivre dans tout ce qui nous reste à dire.

PREMIÈRE SÉRIE.

A l'époque que nous venons de fixer pour l'origine de nos observations, les forces étaient trop inégales entre les deux systèmes coexistants (dont l'un entrait dans la plénitude de l'âge, tandis que l'autre naissait à peine), pour que de longtemps il pût s'établir entre eux aucune lutte directe et sensible. Aussi l'histoire nous montre-t-elle que la lutte n'a commencé à exister ouvertement qu'au XVIe siècle. Les quatre ou cinq cents années qui avaient précédé ont formé la période de splendeur du système féodal et théologique. Mais toute cette splendeur reposait sur un terrain miné.

Si les historiens eussent mieux analysé et plus approfondi l'examen du moyen âge, ils ne nous auraient pas parlé uniquement de la partie visible de cette période ; ils auraient constaté la préparation graduelle de tous les grands événements qui se sont développés plus tard, et ils n'auraient pas présenté les explosions du XVIe siècle, et des siècles suivants, comme brusques et imprévues. Quoi qu'il en soit, ce n'est incontestablement qu'au XVIe siècle qu'a commencé la lutte ouverte entre les deux systèmes. C'est là que nous allons la prendre.

L'attaque de Luther et de ses co-réformateurs contre l'autorité pontificale a renversé de fait le pouvoir spirituel, comme pouvoir européen : ce qui était son véritable caractère politique. En même temps, elle a sapé radicalement l'influence qui restait encore à l'autorité théologique en détruisant le principe de la croyance aveugle, en remplaçant ce principe par le droit d'examen, qui, restreint d'abord dans des limites assez étroites, devait inévitablement s'agrandir continuellement et embrasser enfin un champ indéfini.

Ce double changement s'est opéré d'une manière tout aussi complète dans les pays restés catholiques, et surtout en France, que dans ceux qui ont embrassé le protestantisme.

Il y a eu néanmoins cette différence essentielle à observer, que, dans les pays qui sont restés catholiques, le pouvoir spirituel, sentant bien qu'il était détruit comme puissance distincte et indépendante, s'est mis en général aux ordres et au service du pouvoir royal, en lui offrant l'appui de ces mêmes doctrines par lesquelles il l'avait autrefois dominé.

Ce changement de rôle du clergé a eu pour effet de prolonger un peu au delà de son terme naturel la durée de son influence politique ; mais il a eu, pour la royauté, l'inconvénient capital de lier plus intimement son sort à celui de doctrines qui avaient perdu tout leur crédit dans la classe instruite.

L'exécution de la réforme (à cause des guerres qu'elle a entraînées) a exigé la totalité du XVIe siècle et le commencement du XVIIe. L'attaque contre le pouvoir temporel a eu lieu immédiatement après, en France et en Angleterre.

Dans l'un et l'autre pays, cette attaque a été effectuée par les communes, ayant pour chef l'une des deux branches du pouvoir temporel. Il n'y a eu à cet égard entre les deux nations qu'une seule différence : chez les Anglais, c'est la féodalité qui s'est liée avec les communes contre l'autorité royale, tandis qu'en France c'est la royauté qui s'est mise à leur tête contre la puissance féodale.

Cette combinaison des communes avec une moitié du pouvoir temporel contre l'autre moitié avait pris naissance dans les deux pays aussitôt après l'affranchissement, et même elle n'avait pas peu contribué à le déterminer. Les effets de cette combinaison s'étaient manifestés depuis, bien avant le XVIIe siècle, par des résultats non équivoques, qui avaient préparé les événements importants dont ce siècle a été l'époque.

En France, le cardinal de Richelieu travailla directement à renverser la puissance féodale, et après lui Louis XIV termina cette entreprise. Il réduisit la noblesse à la plus entière nullité politique, à l'insignifiance la plus absolue, et il ne lui laissa d'autre rôle à jouer que celui de garde d'honneur de la royauté. Il est essentiel d'observer que Richelieu et Louis XIV encouragèrent puissamment, l'un et l'autre, les beaux-arts, les sciences, et les arts et métiers ; ils cherchèrent à élever l'existence politique des savants, des artistes et des artisans, en même temps qu'ils abaissèrent celle des nobles. Cette intention fut principalement manifestée par le ministre Colbert, qui était un artisan. Mais nous retrouverons ce fait dans notre seconde série, et il suffit ici de l'indiquer.

La lutte eut pour résultat, en Angleterre, la révolution de 1688, qui limita le pouvoir royal, autant qu'il était possible de le faire sans culbuter l'ancien système. Ainsi l'attaque contre le pouvoir temporel produisit séparément, dans chacun de ces deux pays, l'affaiblissement, aussi entier que possible, d'une portion différente de ce pouvoir. De telle sorte que, l'un dans l'autre, les deux peuples avaient effectué le renversement intégral de ce pouvoir, jusqu'au point au delà duquel ce renversement devenait impraticable, sans sortir de l'ancien système social. Pour que ce résultat total pût se réaliser, de part et d'autre, il suffisait que chacune des deux nations adoptât la modification faite par l'autre. C'est ce qui vient d'avoir lieu en France, par l'adoption que les Français ont faite de la constitution anglaise.

La coalition des communes avec une portion du pouvoir temporel pour attaquer l'autre portion, ainsi que la protection très-active accordée par le pouvoir temporel de plusieurs pays contre le pouvoir spirituel (lors de la réforme), ont fait que, sans un examen très-approfondi, il est impossible de saisir la véritable nature de ces attaques.

Il est résulté de là une erreur très-répandue qu'il importe de signaler et de détruire. Au lieu de voir dans ces événements la lutte des communes ayant pour chefs certaines parties du système féodal et théologique, contre les autres éléments de ce système, on n'y a vu que la querelle des rois contre les papes, et des autorités royale et féodale l'une contre l'autre; les communes n'ont été envisagées que comme des instruments employés par les différents pouvoirs, et presque jamais sous un autre rapport.

Avant de présenter les considérations au moyen desquelles on peut rectifier l'erreur que nous venons d'indiquer, il est à propos de rappeler que, quelque parti qu'on prenne à ce sujet, notre série actuelle n'en sera point affectée; elle n'en restera pas moins vraie, puisque son but essentiel est de constater la décadence continue de l'ancien système. Malgré cela, il s'en faut bien qu'il soit indifférent d'ignorer ou de connaître la véritable action que les artisans, les artistes et les savants (qui, considérés collectivement, forment les communes), ont exercée pour déterminer cette décadence.

Nous posons en principe que toute scission entre les éléments d'un système est un signe évident de décadence. Ainsi, aussitôt qu'on a vu le premier grand acte de division entre le pouvoir temporel et le pouvoir spirituel, on aurait pu prédire hardiment la chute plus ou moins prochaine de l'un et de l'autre.

Des divisions de ce genre ont éclaté de très-bonne heure dans l'ancien système; elles se sont manifestées même avant qu'il eût été complétement organisé; mais elles sont devenues continues presque aussitôt sa constitution définitive. Si l'on veut y bien réfléchir, on reconnaîtra qu'elles étaient inévitables dans ce système.

Des pouvoirs sont nécessairement rivaux et jaloux les uns des autres, même alors que leur intérêt commun le plus évident leur fait une loi de l'union la plus intime. En effet, ces pouvoirs n'étant point susceptibles d'être clairement caractérisés, il est naturel que chacun d'eux prétende à la totalité de la domination. Il ne peut exister de véritable combinaison, de combinaison solide, qu'entre des capacités positives.

La combinaison devient alors possible, et pour ainsi dire forcée, parce que chacune de ces capacités tend d'elle-même à se renfermer dans son rôle naturel, qui est toujours circonscrit aussi nettement que possible. La prétention à l'universalité, qui pourrait seule troubler cet arrangement naturel, se présente aux yeux de tous comme une absurdité, et ne pourrait par conséquent jamais obtenir un assez grand nombre de partisans pour qu'elle pût devenir dangereuse.

Les communes, évidemment trop faibles à l'origine de leur existence politique, furent forcées, pour lutter contre l'ancien système, de s'accoler à des chefs du camp ennemi. Elles cherchèrent à profiter des divisions qui s'y étaient formées, et leur prudence fut telle qu'effectivement elles en profitèrent toujours. Leur plan fut bien simple; il consista à prêter constamment leur appui au pouvoir qui se trouvait, à chaque époque et dans chaque pays, être le plus libéral, c'est-à-dire le plus conforme à leurs intérêts. C'est ce plan qu'elles suivirent constamment par une espèce d'instinct admirable, dans toutes les crises partielles qui précédèrent les deux grandes luttes du XVIe et du XVIIe siècles. Ainsi, leur conduite à ces dernières époques ne fut nullement accidentelle ; elle se rattachait à de longues habitudes contractées. *C'était la manière des communes.*

Voilà ce qui explique pourquoi elles se mirent, en Angleterre, du côté des lords contre les rois, tandis qu'en France elles s'unirent à la royauté contre la féodalité. Dans des temps plus reculés, les communes, en France et en Angleterre, avaient de même embrassé la cause du pouvoir spirituel, parce qu'il était alors le plus libéral. Ainsi, en réalité, ce n'étaient point les communes qui étaient des instruments entre les mains des anciens pouvoirs, ce sont bien plutôt ces pouvoirs eux-mêmes qui devraient être envisagés comme ayant servi d'instruments aux communes, bien que d'ailleurs ils fussent mus par une impulsion qui leur était propre. De fait, c'est par les communes que l'attaque de l'ancien système eut lieu, de même que, de fait, elle eut lieu pour elles. S'il y eut des dupes dans cette occasion, sans doute ce ne furent point elles.

Les communes ont, de plus, exercé dans les deux luttes du XVIe et du XVIIe siècle une action tout à fait directe et purement dérivée d'elles. Les deux éléments du nouveau système, la capacité industrielle et la capacité scientifique positive, ont fourni chacun leur part dans cette action. Bien qu'elles aient toujours agi concurremment, cependant c'est la seconde (la capacité scientifique) qui s'est particulièrement attachée au pouvoir spirituel, comme la première (la capacité industrielle) au pouvoir temporel, ainsi que la nature des choses l'exigeait. Chaque capacité a combattu corps à corps le pouvoir correspondant, et (ce qui mérite d'être remarqué) dans les raisonnements employés alors par la capacité scientifique positive pour renverser les doctrines théologiques, c'est dans la théologie même qu'elle se regarda d'abord comme obligée de prendre ses bases, ou, au moins, elle se crut forcée de les accommoder à la manière théologique. C'est ce qu'on observe principalement dans tous les ouvrages du chancelier Bacon. Ce fait, dans la lutte spirituelle, répond à celui de la coalition des communes avec une moitié du pouvoir militaire, dans la lutte temporelle.

Nous n'avons nullement besoin de constater l'influence fondamentale que les progrès des sciences d'observation ont exercée sur la réforme de Luther, parce qu'elle n'est aujourd'hui mise en doute par personne; il nous suffit de la noter. Quant à celle moins forte et moins directe des progrès des arts et métiers sur cette même réforme, les meilleurs historiens qui aient traité de cette époque en ont fait ressortir un exemple frappant, en indiquant l'action incontestable qu'exerça sur ce point la grande extension donnée au commerce, et conséquemment à l'industrie, par la découverte de l'Amérique et du passage aux Indes par le cap de Bonne-Espérance, laquelle était elle-même une suite des progrès des arts industriels, combinés avec ceux des sciences d'observation.

Deux autres découvertes du premier ordre, l'une dans les arts, l'autre dans les sciences, faites, l'une vers la fin du xve siècle, l'autre environ un siècle après, vinrent assurer et hâter la décadence de l'ancien système, et donner à la lutte entreprise par les éléments du nouveau une marche plus directe, plus sûre, plus calme et plus rapide tout à la fois.

La première fut celle de l'imprimerie, qui, si elle n'a point contribué à déterminer la réforme, a servi du moins à la propager d'une manière infiniment plus rapide et plus complète qu'elle n'aurait pu l'être sans cela. Mais ce n'est pas là son effet le plus essentiel, quant à la décadence de l'ancien système.

Nous ne répéterons pas les raisonnements très-connus qui font sentir quel immense changement cette découverte a introduit dans l'ordre social, en créant la souveraineté de l'opinion publique. Nous la considérerons sous le seul aspect qui nous occupe ici.

De ce point de vue nous dirons :

1° Qu'elle a assuré au nouveau système les moyens de prendre l'initiative la plus directe et la plus entière, pour préparer le remplacement de l'ancien, sans être obligé de continuer à se placer sous la protection de quelqu'un des pouvoirs à éteindre ;

2° Qu'elle a fait disparaître, en grande partie, le caractère violent que la lutte avait eu jusqu'alors, parce qu'elle a changé l'attaque en critique.

La seconde découverte dont j'ai voulu parler est celle de la vraie théorie astronomique, trouvée par Copernic, prouvée et établie par Galilée.

Les meilleurs esprits ne mesurent pas d'ordinaire à sa juste valeur l'action vraiment toute-puissante exercée par le changement que cette théorie a opéré dans toutes les têtes, relativement à la destruction radicale du système théologique. Cette influence est telle que, seule, elle eût suffi pour amener l'anéantissement de ce système. Nous nous contenterons de l'indiquer par la considération suivante, que chacun peut amplement développer.

Tout le système théologique est fondé sur la supposition que la terre est faite pour l'homme, et l'univers entier pour la terre; ôtez cette supposition, et toutes les doctrines religieuses s'écroulent. Or, Galilée nous ayant démontré que notre planète est une des plus petites, qu'elle ne se distingue en rien des autres, qu'elle tourne dans la foule autour du soleil; l'hypothèse que la nature tout entière est faite pour l'homme choque si ouvertement le bon sens, elle est tellement en opposition avec les faits, qu'elle ne peut éviter de paraître absurde, et d'être bientôt renversée, entraînant avec elle les croyances dont elle est la base. En un mot, les doctrines théologiques sont absolument incompatibles avec la conviction pleine et entière de la théorie astronomique moderne, même dans les têtes où cette conviction ne repose pas sur les connaissances des démonstrations qui l'établissent.

Si l'on pèse suffisamment cette réflexion, on conviendra que l'inquisition faisait bien son métier de gendarmerie du pouvoir spirituel, en tâchant d'étouffer, à sa naissance, la théorie de Galilée.

En résumant tout ce que nous avons dit jusqu'à présent, il s'en suit, qu'à la fin du XVIIe siècle, il y avait eu deux attaques partielles contre l'ancien système : l'une au XVIe siècle, contre le pouvoir spirituel, l'autre au XVIIe, contre le pouvoir temporel.

A la première sensation, cette double attaque eût pu paraître suffisante, mais il s'en fallait de beaucoup qu'elle le fût ; le système avait été attaqué dans ses éléments, mais non dans son ensemble; il avait été battu en détail, il restait à le battre comme système. De plus, chaque lutte particulière ayant eu lieu sous la direction d'une branche des anciens pouvoirs, elle n'avait point eu un caractère assez net, elle ne s'était point assez fermement prononcée comme choc entre un système et les éléments d'un autre. C'était là une seconde raison, distincte de la précédente, pour l'insuffisance des deux premières luttes.

Ainsi donc, quelqu'un qui, à la fin du XVIIe siècle, aurait bien connu le véritable état des choses, eût pu prédire avec pleine assurance que les deux attaques partielles, exécutées jusqu'alors, n'étaient que préliminaires et préparatoires, et que, dans le siècle suivant, l'attaque se dirigerait d'une manière générale contre l'ensemble du système, et qu'enfin elle serait décisive pour sa chute. De tels événements étaient la suite inévitable de tout le passé depuis le XIe siècle, et la conséquence immédiate des deux siècles qui venaient de finir.

Il serait superflu d'entrer ici dans aucun détail sur des faits aussi voisins de nous, et qui sont présents à la mémoire de tout le monde. Le XVIIIe siècle fut, en effet, ce qu'il devait être, la suite, le complément et le résumé des deux siècles précédents.

Quant au pouvoir spirituel, le principe du droit d'examen en matière religieuse (posé par Luther, mais d'une manière d'abord très-restreinte) fut étendu jusqu'à sa plus extrême limite. L'application la plus hardie de ce droit marcha de front avec les tentatives faites pour l'établir dans toute sa latitude. Les croyances théologiques, soumises à la discussion, furent entièrement renversées, avec trop d'imprudence, de précipitation et de légèreté, sans doute, avec un oubli trop absolu du passé et des vues trop confuses et trop incertaines sur l'avenir; mais enfin elles le furent, et de manière à ne pouvoir s'en relever, puisque la critique fut poussée jusqu'au point de les couvrir de ridicule aux yeux des hommes les moins instruits. C'est un fait qu'on ne saurait nier, et nous ne jugeons pas cette critique, nous l'observons.

Quant au pouvoir temporel, si nous examinons ce qui s'est passé à son égard en France où tout le XVIIIe siècle doit être principalement observé, nous verrons que la féodalité, après avoir perdu, dans le siècle précédent, toute sa puissance politique, perdit, dans celui-ci, toute sa considération civile.

La royauté, parvenue sous Louis XIV à la possession pleine et entière du pouvoir temporel au moyen de l'appui que les communes lui avaient prêté, cessa de se combiner avec elles, ce qui fut une grande faute de sa part.

Louis XIV commit une grande erreur en s'accolant à la noblesse, qui se résignait enfin à adopter, à prix d'argent et d'honneurs, une existence politique subalterne et insignifiante, paraissant avoir oublié qu'elle avait marché de pair avec l'autorité royale[1].

1. La raison pour laquelle les *Mémoires* de mon parent, le duc de Saint-Simon, font encore aujourd'hui une assez grande sensation dans le public, c'est qu'il fut alors le seul noble qui conserva l'ancien caractère féodal, le seul qui montra une véritable indépendance.

Si Louis XIV n'eut pas commis cette faute capitale, s'il eut abandonné à sa destinée une puissance devenue caduque, une puissance dont le sort était irrévocablement fixé dans les décrets de l'esprit humain, et que lui-même avait efficacement concouru à détruire; s'il eut enfin continué à suivre simplement la direction des communes, il eût, sans doute, épargné tous les malheurs qui tombèrent plus tard sur l'innocent et malheureux Louis XVI.

C'est là, en effet, ce qui primitivement discrédita la royauté aux yeux des communes, et les sépara d'elle. La honte qui rejaillit ensuite sur le pouvoir royal des mœurs du régent et du libertinage de Louis XV porta cette déconsidération à son comble. En même temps, les philosophes ayant soumis le pouvoir temporel à la même discussion que le pouvoir spirituel, il n'y résista pas davantage, d'autant plus qu'il était, en grande partie, fondé sur les mêmes doctrines, depuis la réforme.

Ainsi, le XVIIIe siècle porta la critique des deux pouvoirs jusqu'à ses dernières bornes, et il acheva la ruine de l'ancien système dans ses éléments et dans son ensemble. Un examen plus détaillé de la manière dont ce renversement fut conduit serait ici tout à fait déplacé.

Je ne ferai qu'indiquer seulement l'influence que les progrès immenses et toujours croissants, faits par les sciences d'observation depuis Galilée, ont exercée et dû exercer sur la destruction des doctrines théologiques. La découverte par Newton d'une loi physique générale, l'analyse faite par Franklin du principal phénomène météorologique, ainsi que l'invention du moyen de le soumettre à la puissance de l'homme, et, en un mot, toutes les découvertes remarquables faites en si grand nombre dans ce siècle, en astronomie, en physique, en chimie et en physiologie, ont plus contribué à la destruction radicale et irrévocable du système théologique que tous les écrits de Voltaire et de ses coopérateurs, malgré leur prodigieuse influence. C'est à quoi les partisans de l'ancien système, et ses adversaires, n'ont pas fait assez d'attention.

Préparée, ou, pour mieux dire, nécessitée invinciblement par cet état des choses, la révolution française éclata : elle prit dès son origine une fausse direction, la royauté fut renversée.

La royauté ne tarda pas à se reconstituer, parce qu'étant en France la tête et le cœur en même temps de l'ancien système, elle ne peut s'éteindre qu'avec lui, et qu'un système ne peut s'éteindre qu'autant qu'un autre existe déjà tout formé, et prêt à le remplacer immédiatement.

Le résultat final de toute cette grande commotion fut l'abolition des priviléges, la proclamation du principe de la liberté illimitée de conscience, et, enfin, l'établissement de la constitution anglaise, octroyée par le pouvoir royal lui-même.

L'abolition des priviléges ne fit que compléter la ruine de la féodalité, et réduisit absolument le pouvoir temporel à l'unique pouvoir royal.

La proclamation du principe de la liberté illimitée de conscience anéantit en totalité et irrévocablement le pouvoir spirituel[1].

1. Cette proclamation a rendu impossible l'établissement d'aucune autorité religieuse, soit politique, soit simplement morale ; car les croyances ayant été laissées à l'arbitraire de chaque individu, il n'y aura peut-être pas deux professions de foi tout à fait uniformes, et celle de chacun pourra changer du matin au soir, en suivant toutes les variations que pourra lui inspirer l'état perpétuellement mobile de ses affections morales et physiques, ainsi que les circonstances sociales, également mobiles, dans lesquelles il se trouvera successivement placé.

En un mot, il est clair que la liberté illimitée de conscience et l'indifférence religieuse absolue reviennent exactement au même, quant aux conséquences politiques. Dans l'un et l'autre

Enfin, l'établissement de la Constitution anglaise doit être considéré sous deux rapports différents, et en quelque sorte opposés.

D'une part, il a continué la démolition de l'ancien système, en limitant le pouvoir royal (qui en est aujourd'hui le seul reste réel) autant qu'il est possible de le faire en ne sortant pas de ce système.

D'un autre côté, il a institué, par l'établissement d'une chambre représentative de l'opinion publique, le véritable moyen de transition, le moyen qui permet d'arriver paisiblement, sans efforts, et promptement, au système qui doit suivre, aussitôt qu'il sera formé et susceptible d'entrer en activité.

Parvenu à la fin du dernier terme de la première série d'observations, je vais résumer en peu de mots les conséquences de cet examen.

Mon point de départ était celui-ci :

Au XIe siècle, le système féodal et théologique

cas, les croyances religieuses ne peuvent plus servir de base à la morale ; c'est un fait qu'on ne saurait trop répéter, bien loin de devoir le cacher, puisqu'il prouve la nécessité de constituer sur d'autres principes, sur des principes positifs (c'est-à-dire déduits de l'observation), la morale qui est la base, ou plutôt le lien général de l'organisation sociale.

s'est définitivement constitué, quant au pouvoir temporel et quant au pouvoir spirituel.

A la même époque, les éléments d'un nouveau système social ont pris naissance, savoir : la capacité industrielle ou des artisans (née de l'affranchissement des communes), derrière le pouvoir temporel ou militaire; et la capacité scientifique positive (née de l'introduction des sciences d'observation en Europe par les Arabes), derrière le pouvoir spirituel.

Ces deux systèmes ont coexisté pendant quatre ou cinq cents ans sans se choquer ouvertement, attendu l'inégalité des forces ; la lutte s'est préparée en silence durant cet intervalle.

A partir du commencement du XVIe siècle, il y a eu trois attaques principales des éléments du nouveau système contre l'ancien : deux partielles et une générale; chacune d'elles a employé environ un siècle.

Le XVIe siècle a vu l'attaque contre le pouvoir spirituel; le XVIIe siècle celle contre le pouvoir temporel; et enfin l'attaque générale et décisive contre l'ancien système a eu lieu pendant la durée du XVIIIe siècle; elle a déterminé sa chute.

Le véritable état actuel de l'ancien système,

ce qu'on pourrait appeler son budget des moyens (s'il était permis d'employer une expression qui paraîtrait plaisante dans une matière si profondément sérieuse), est celui-ci, sans aucune exagération.

D'une part, plus de doctrines, toutes les croyances qui leur servaient de base sont éteintes ou prêtes à s'éteindre ; ainsi, le pouvoir spirituel ne peut plus exercer d'action que sur la dernière classe de la société.

D'un autre côté, le pouvoir temporel est réduit uniquement à une seule de ses deux branches, et cette branche, le pouvoir royal, est réduite aux moindres dimensions qu'elle puisse avoir pour ne pas laisser tomber comme une masse inerte tout cet ancien système qui y est suspendu.

Enfin, l'ancien système n'a aujourd'hui de force que celle qui lui est rigoureusement nécessaire pour maintenir l'ordre jusqu'à l'établissement du nouveau ; encore est-il fort douteux qu'il pût continuer à le maintenir, si cet établissement était trop longtemps retardé.

Je laisse à juger, d'après cet exposé, si l'organisation du nouveau système est une chose urgente, et si les artistes, les savants et les artisans ne commettent pas la plus grande faute en s'endormant à cet égard.

Tel est, au vrai, l'état présent de la société, sous le rapport de l'ancien système. Nous saurons bientôt, par l'examen de la deuxième série d'observations, s'il n'est pas plus satisfaisant sous le rapport du nouveau système.

S.-S.

P.-S. — Je vous prie, mes chers compatriotes, de ne considérer le travail que je vous ai présenté dans cette lettre que comme un premier aperçu. Je reviendrai sur cette récapitulation historique des progrès de la civilisation depuis le XIe siècle ; je vous la présenterai avec plus de développement. Je prendrai cette récapitulation de plus haut : je la commencerai à Socrate, et je ferai voir comment le progrès des lumières a amené la destruction du système politique que les peuples de l'antiquité avaient établi. Enfin, je donnerai à cette récapitulation un point de départ encore plus reculé, je remonterai jusqu'à l'origine de la société, et je descendrai les siècles en notant les progrès de la civilisation, de la manière que Condorcet a indiqué que les publicistes devaient le faire.

Chacune de ces récapitulations, mes chers compatriotes, sera une démonstration plus ou moins étendue du fait que le plan d'organisation sociale, exposé dans ma première livraison, sera nécessairement adopté, parce qu'il est l'application directe de nos connaissances les plus positives en politique.

ADDITION

FAITE A LA PREMIÈRE ÉDITION

de cette seconde livraison.

—

NEUVIÈME LETTRE.

Mes chers compatriotes, je vous ai exposé, dans ma Lettre précédente, la décadence successive de l'ancien système politique depuis le XIe siècle (époque à laquelle il s'est constitué), jusqu'à ce jour ; dans celle-ci, je vous présenterai les progrès faits par le système politique positif depuis son origine. Je vous donnerai un résumé de cette seconde série, et je terminerai la Lettre par un résumé général des deux séries.

DEUXIÈME SÉRIE.

Autant la marche de la civilisation nous a paru orageuse dans la série précédente, autant nous la trouverons calme dans celle que nous allons examiner. Nous n'avons encore considéré que la désorganisation successive de l'ancien système social. Mais, en même temps que cette décadence s'effectuait, la société s'ordonnait peu à peu dans toutes ses parties d'après un système nouveau, qui se trouve aujourd'hui assez développé pour pouvoir remplacer tout à fait l'ancien, parvenu à son extrême caducité. C'est ce développement graduel du nouveau système qu'il nous reste à observer et à expliquer.

Reposons d'abord le point de départ.

Nous avons vu qu'au XIe siècle, au moment même où l'ancien système achevait de se constituer, les éléments d'une nouvelle organisation sociale avaient pris naissance. Ces éléments étaient, quant au temporel, la capacité industrielle (née de l'affranchissement des communes), et, quant au spirituel, la capacité scientifique (résultat de l'introduction des sciences positives en Europe par les Arabes).

Si quelque homme de génie avait pu, dès cette époque, observer cet état de choses avec les lumières suffisantes, il aurait infailliblement prévu à son origine toute la grande révolution qui s'est effectuée depuis ; il aurait reconnu que les deux éléments qui venaient d'être créés tendraient inévitablement à renverser les deux pouvoirs dont la combinaison formait le système alors en vigueur.

Il aurait également prévu que ces deux éléments se développeraient de plus en plus aux dépens des deux pouvoirs, de manière à constituer peu à peu un système qui devait finir par se substituer à l'ancien.

Appliquons-nous d'abord, mes chers compatriotes, à constater nettement cet aperçu fondamental, qui nous montrera le germe de cette seconde série comme étant tout entier dans le premier terme. Nous examinerons ensuite la manière dont l'organisation du nouveau système s'est effectivement opérée.

Cette double tendance du nouveau système

(et également nécessaire sous les deux rapports) à détruire l'ancien système et à le remplacer résultait directement des deux causes suivantes.

En premier lieu, par la force même des choses, la capacité industrielle et la capacité scientifique sont les antagonistes, l'une du pouvoir militaire, l'autre du pouvoir théologique.

En second lieu, à la manière dont ces deux capacités venaient de se constituer, elles étaient établies en dehors de l'ancien système, étant possédées par des classes distinctes et indépendantes, sous ce rapport, du pouvoir temporel et du pouvoir spirituel.

C'est cette dernière circonstance qui, en même temps qu'elle assurait pour l'avenir, aux deux capacités, la possibilité d'atteindre leur développement intégral, leur imprimait un caractère fondamental et indélébile d'opposition et d'incompatibilité avec l'ancien système.

On a fait jusqu'à présent si peu d'attention à cette remarque essentielle, qu'il est indispensable de la développer avec quelque étendue.

Dans l'état de société qui subsiste encore de nos jours en Russie, où toutes les entreprises d'arts et métiers sont dirigées, en dernier ressort, par les hommes de la classe féodale, la capacité industrielle ne se présente point comme opposée de sa nature au pouvoir militaire et comme devant correspondre à un système social distinct. Elle n'a point encore acquis de caractère qui lui soit propre. Les artisans ne sont que des instruments passifs entre les mains des militaires. Il en est de même pour la capacité scientifique quand la culture des sciences est encore entre les mains du pouvoir théologique, ce qui a existé à l'origine de la civilisation dans les anciennes théocraties de l'Orient, et ce qui s'est prolongé jusqu'ici en Chine. La capacité scientifique n'est alors, en réalité, qu'un instrument de domination pour le sacerdoce.

Tel a été précisément l'état des choses en Europe jusqu'à l'époque mémorable que nous avons prise pour point de départ.

Avant l'affranchissement des communes, le peu d'industrie agricole, commerciale et manufacturière qui existait était, en totalité, sinon sous la direction, du moins dans la dépendance absolue du pouvoir temporel.

De même, avant l'introduction des sciences positives en Europe par les Arabes, le peu de lumières existant se trouvait entièrement dans les mains du pouvoir spirituel.

Remarquons que cet état de choses, tant qu'il a subsisté, assurait à l'ancien système une vie indestructible, non-seulement parce que les deux éléments qui pouvaient conduire à un système nouveau étaient absolument à la merci des deux anciens pouvoirs, mais aussi parce que, d'après cette cause même, les deux capacités se trouvaient arrêtées pour jamais dans leur développement.

Quand les sciences et les arts sont uniquement considérés comme des instruments, ils ne sauraient jamais s'élever au-dessus d'un certain degré très-peu élevé, ainsi qu'on peut le voir à la Chine et dans l'Inde.

Au contraire, aussitôt que les communes ont été affranchies et que les sciences positives ont été exclusivement cultivées par les séculiers, ce qui arriva bientôt après leur introduction en Europe, les choses ont totalement changé de face.

Ces deux grands événements ont d'abord permis aux arts et aux sciences de tendre librement vers leur plus entier développement; ils n'ont laissé à la carrière des deux capacités positives d'autres limites que celles de la durée de l'espèce humaine.

En second lieu, dès ce moment, la capacité industrielle et la capacité scientifique, dégagées pour jamais de l'ancien système, se son solidement constituées en dehors de lui, et ont acquis une existence propre, caractéristique, indépendante. Or, elles ne pouvaient pas cesser d'être instruments pour l'ancien système sans devenir ses ennemies; c'est le cas de l'adage : *Qui non est pro me, contra me est.*

Cette révolution fondamentale a donc créé dans la société deux nouvelles forces, la force industrielle et la force scientifique, qui, dès leur origine et en vertu de cette origine même, ont été empreintes pour jamais du double caractère d'antagonistes de l'ancien ordre politique et d'éléments d'un ordre nouveau.

Le mépris et la haine que la féodalité et la théologie ont montrés constamment depuis cette époque, l'une pour les arts et métiers, l'autre pour les sciences d'observation, n'ont abouti qu'à renforcer cette opposition et à la rendre plus tranchée.

Ainsi le changement qui s'est opéré au XIe siècle contenait tout à la fois le principe de la destruction de l'ancien système et le germe d'un système nouveau.

Tout le passé, depuis cette époque, n'a été que la conséquence et le développement de ce double état primitif de la société. Nous avons, dans la série précédente, considéré ce développement sous le premier rapport. Nous allons maintenant nous occuper exclusivement de le suivre et de l'étudier sous le second rapport.

Il serait certainement absurde de penser que l'organisation successive du nouveau système a été conduite par les savants et les artistes, par les artisans, ainsi que d'après un plan prémédité, suivi d'une manière invariable depuis le XIe siècle jusqu'à nos jours. A aucune époque, le perfectionnement de la civilisation n'a obéi à une marche ainsi combinée, conçue d'avance par un homme de génie et adoptée par la masse[1]. Cela

1. La grande erreur des législateurs et des philosophes de l'antiquité a consisté précisément à vouloir assujettir la marche de la civilisation à leurs vues systématiques, tandis que leurs plans auraient dû au contraire lui être subordonnés. Cette erreur, du reste, a été très-excusable et très-naturelle de leur part, car, à cette époque, les hommes étaient encore trop près de l'origine de la civilisation pour avoir pu observer que la civilisation suit une marche, pour avoir pu reconnaître la marche qu'elle suit, et à plus forte raison pour avoir pu s'apercevoir que cette marche est hors de notre dépendance.

On ne pouvait évidemment arriver à cette vérité que *à posteriori* et non *à priori*. En d'autres termes, la politique ne pouvait devenir une science qu'en se basant sur des observations, et il ne pouvait exister d'observations qu'après une durée de civilisation très-prolongée. Il fallait l'établissement d'un système d'ordre social, admis par une population très-nombreuse, et composé de plusieurs grandes nations, et toute la durée possible de ce système, pour qu'une théorie pût se fonder sur cette grande expérience.

est même tout à fait impossible par la nature des choses ; car la loi supérieure des progrès de l'esprit humain entraîne et domine tout ; les hommes ne sont pour elle que des instruments. Quoique cette force dérive de nous, il n'est pas plus en notre pouvoir de nous soustraire à son influence ou de maîtriser son action que de changer à notre gré l'impulsion primitive qui fait circuler notre planète autour du soleil.

Les effets secondaires sont les seuls soumisà notre dépendance. Tout ce que nous pouvons, c'est d'obéir à cette loi (notre véritable Providence) avec connaissance de cause, en nous rendant compte de la marche qu'elle nous prescrit, au lieu d'être poussés aveuglément par elle ; et, pour le dire en passant, c'est précisément en cela que consisterale grand perfectionnement philosophique réservé à l'époque actuelle. Mais, malgré cela, quand nous voyons dans l'ordre politique une série d'événements qui s'enchaînent de la même manière que si les hommes qui en ont été les agents s'étaient conduits d'après un plan, n'est-il pas permis d'employer cette supposition[1] pour faire mieux ressortir cet enchaîne-

1. Je me permettrai d'ailleurs de remarquer que, s'il est vrai qu'une science ne devient positive qu'en se fondant exclusive-

ment? C'est suivre alors, et seulement en s'écartant beaucoup moins de la réalité, l'usage adopté dans les sciences physiques, où, pour présenter plus clairement un ensemble de phénomènes, on prête des intentions et des desseins combinés, même à la matière non organisée. D'ailleurs, une nécessité inévitable, qui enchaîne une série d'événements, et un plan prémédité qui les dirige, se ressemblent beaucoup pour les conséquences, et nous allons voir que la marche suivie par le nouveau système avait été nécessitée par la situation de ses éléments à leur origine.

Le plan que les communes peuvent être envisagées comme ayant suivi depuis l'époque de leur affranchissement, pour préparer peu à peu l'organisation de la société sur les bases qui leur étaient propres, a été celui-ci :

S'occuper uniquement d'agir sur la nature,

ment sur des faits observés, et dont l'exactitude est généralement reconnue, il est également incontestable (d'après l'histoire de l'esprit humain dans toutes les directions positives) qu'une branche quelconque de nos connaissances ne devient une science qu'à l'époque où, au moyen d'une hypothèse, on a lié tous les faits qui lui servent de base.

Ainsi, quand la politique sera devenue une science, il est certain qu'on y emploiera des hypothèses, de même qu'on l'a fait dans les autres sciences, et qu'on les y emploiera dans l'esprit que je viens d'indiquer.

pour la modifier autant que possible de la manière la plus avantageuse à l'espèce humaine, ne tendre à exercer d'action sur les hommes que pour les déterminer à concourir à cette action générale sur les choses.

Telle est, en peu de mots, la marche simple que les savants et les artisans ont suivie d'une manière invariable depuis l'origine, en se proposant pour but unique, les uns d'étudier la nature pour la connaître, les autres d'appliquer cette connaissance à la satisfaction des besoins et des désirs de l'homme.

Cette marche était tellement sage, qu'on n'aurait pu en choisir une meilleure s'il eut été possible aux savants et aux artisans de se conduire d'après des vues préméditées et librement discutées dès l'origine.

Enfin, ce plan se trouve être si parfait que tout ce qui nous reste à faire aujourd'hui, c'est de l'appliquer, sans y rien changer, à la direction de l'ensemble de la société, de même que nos pères sont parvenus graduellement à y rapporter toutes les parties de l'action sociale considérées isolément.

Il est facile de s'expliquer pourquoi ce plan a dû être suivi sans jamais avoir été combiné, ni même senti par personne. Après avoir donné cette explication, nous indiquerons, en aperçu, les motifs du succès qu'il a obtenu.

Les communes, par le fait même de leur affranchissement, se sont trouvées débarrassées de la dépendance individuelle qui pesait auparavant sur chacun de leurs membres; mais elles sont restées soumises à la dépendance collective, exercée sur la masse des artisans et des savants, par la masse des militaires et des théologiens.

Cette dépendance était tellement grande à l'origine, et les communes tellement faibles, qu'elles ne pouvaient évidemment concevoir la pensée de s'y soustraire. Cet obstacle qui, à la première vue, paraissait devoir leur être funeste, fut précisément ce qui assura le succès de leurs efforts; il les empêcha de s'égarer, et les contraignit, par une nécessité invincible, à suivre la marche qui était au fond la meilleure. Ne pouvant songer à entrer en partage de l'autorité, ni même à se soustraire au despotisme collectif, les communes ne tendirent qu'à profiter du degré de liberté individuelle qu'elles avaient obtenu, pour développer le plus possible la capacité industrielle et la capacité scientifique.

Savants et artisans ne cherchèrent qu'à agir

sur la nature, les uns pour pénétrer par des observations et des expériences dans la connaissance de ces lois, les autres pour appliquer cette connaissance à la production des objets nécessaires, utiles ou agréables. Tous ne firent en cela que suivre la tendance naturelle qui nous entraîne vers l'amélioration de notre sort; car, par le fait même de leur infériorité politique, l'action sur la nature était la seule voie qui fût ouverte aux communes pour améliorer leur condition sociale. On voit bien clairement, par là, quelle force a obligé les communes à suivre, sans s'en rendre compte, le plan que j'ai indiqué tout à l'heure.

Pour sentir combien ce plan était conforme à leurs véritables intérêts, faisons d'abord une supposition : admettons que l'état des choses n'eût pas été, à l'origine, tel que je viens de le décrire, imaginons que les communes, aussitôt après leur affranchissement, eussent obtenu une part pleine et entière dans l'exercice du suprême pouvoir politique existant alors, qu'auraient-elles fait de ce pouvoir? que serait-il arrivé? Le voici vraisemblablement.

Cette participation à l'autorité leur eût fait perdre de vue leur objet véritable, qui était le développement de la capacité industrielle et de la capacité scientifique. Ce développement aurait été du moins infiniment plus lent, et par suite les communes seraient restées, pendant beaucoup plus de temps, en subalternes à l'égard du pouvoir militaire et du pouvoir théologique, car ce n'était que par un grand développement de la force de l'intérêt commun, combinée avec la force de démonstration, qu'elles pouvaient espérer de lutter, avec un succès marqué, contre la force physique combinée avec la force de superstition. Aussi, voyons-nous les communes se montrer fort peu empressées, en France et en Angleterre, jusqu'à une époque assez rapprochée de nous, à jouir de la portion d'autorité législative qui leur avait été octroyée dans ces deux pays, par l'une des branches du pouvoir temporel, pendant les querelles entre la royauté et la féodalité[1].

1. La coalition des communes avec une des moitiés du pouvoir temporel contre l'autre moitié, en France et en Angleterre, a été réellement très-utile aux artisans et aux savants; mais ce n'est point sous le point de vue que nous examinons ici, c'est par rapport à la destruction de l'ancien système que cette coalition doit être envisagée, et non relativement à l'organisation du nouveau. C'est ainsi que je l'ai considérée dans ma première série d'observations.

Quant au fait du peu d'empressement des communes à jouir

Examinons maintenant d'une manière directe les avantages de la marche suivie par les communes.

Les communes, sans s'inquiéter de la manière dont les militaires et les théologiens dirigeaient l'ensemble de la société, et faisant pour ainsi dire abstraction de l'ancien système, organisèrent tous les travaux particuliers (dont la disposition leur avait été laissée libre) dans l'unique but d'agir sur la nature. Par cette sage conduite, elles eurent l'assurance, non-seulement de ne pas déplaire aux pouvoirs existants, mais de leur être agréables, et de recevoir tous les encouragements compatibles avec l'exercice de l'autorité. Il y a plus même; elles étaient sûres de parvenir peu à peu, par une plus grande action exercée sur la nature, et par la richesse ainsi que la considération qu'elles en tiraient, à

de la portion d'autorité législative qui leur avait été procurée par leurs alliés de l'ancien système, il a été très-sensible en Angleterre, où néanmoins les commu es ont donné bien plus de suite qu'ailleurs à ce genre de progrès politique. On sait qu'avant l'époque où elles commencèrent à obtenir voix délibérative pour le vote de l'impôt, elles regardaient comme une corvée très-pénible d'envoyer des députés au Parlement, parce que les militaires ne les y appelaient que pour leur faire rendre compte de ce que les communes pouvaient payer, afin de les piller en parfaite connaissance de cause.

racheter successivement la majeure partie de l'autorité qui pesait sur elles.

Enfin, elles devaient compter aussi que, par l'accroissement successif de la capacité industrielle et de la capacité scientifique, elles acquerraient une force progressivement croissante, qui leur permettrait peu à peu de traiter d'égal à égal avec leurs dominateurs, et plus tard même de prendre le dessus vis-à-vis d'eux, ce qui est effectivement devenu possible aujourd'hui.

Les fous furieux, tels que Charles XII, Bonaparte et autres héros de la même espèce, qui font consister tout leur bonheur à exercer une autorité arbitraire seulement pour le plaisir de l'exercer, sont heureusement des anomalies très-rares dans la nature humaine. Si la plupart des hommes désirent le pouvoir quand il est à leur portée, ce n'est point comme but, mais comme moyen. C'est bien moins par amour de la domination[1], que parce qu'ils trouvent commode, pour leur paresse et leur incapacité, de faire travailler les autres à leur procurer des jouissances, au lieu de coopérer à ce travail.

1. Cet amour de la domination, qui est certainement indestructible dans l'homme, a été cependant annulé en grande partie par les progrès de la civilisation, ou, au moins, ses

En dernière analyse, le principal désir de presque tous les individus n'est point d'agir sur l'homme, mais sur la nature. Il n'est personne, pour ainsi dire, qui ne renonce avec empressement à une autorité très-absolue, quand l'exercice de cette autorité exclut la jouissance des avantages de la civilisation, qui sont le résultat de l'action exercée sur les choses. Le nabab Anglais, qui a fait fortune au Bengale, et qui exerce le pouvoir le plus illimité sur des milliers d'Indiens, soupire après le moment où il pourra retourner en Europe, afin d'y jouir des agréments de la vie, et quoiqu'il sache bien qu'en Angleterre il ne pourra commettre le moindre acte arbi-

inconvénients ont à peu près disparu dans le nouveau système. En effet, le développement de l'action sur la nature a changé la direction de ce sentiment en le transportant sur les choses. Le désir de commander aux hommes s'est transformé peu à peu dans le désir de faire et de défaire la nature à notre gré.

De ce moment, le désir de dominer, inné dans tous les hommes, a cessé d'être nuisible, ou au moins, on peut apercevoir l'époque où il cessera d'être nuisible, et où il deviendra utile. C'est ainsi que la civilisation a perfectionné le moral de l'homme, non-seulement sous le rapport de la vie animale ou de l'intelligence, mais aussi quant à la vie organique ou aux passions.

Quoique, d'après les lois de l'organisation humaine, ce second ordre de fonctions vitales ne soit point perfectible par lui-même, il l'est par l'influence que le premier exerce sur lui.

traire à l'égard du dernier matelot qu'à ses risques et périls. On est donc certain de réussir avec la plupart des hommes, quand on leur proposera de sacrifier une certaine portion de commandement pour obtenir, en échange, une certaine quantité d'action sur la nature.

Le succès du plan politique suivi par les communes, depuis leur affranchissement, était donc fondé sur une loi dérivée de l'organisation humaine.

Nous nous trouvons avoir expliqué, par ce qui précède, la cause de tous les progrès importants que les éléments du nouveau système social ont faits jusqu'ici dans leur organisation graduelle. Ces progrès ont, en effet, tenu essentiellement à la constance avec laquelle les communes ont suivi le plan si simple et si parfait que nous venons d'exposer. Des événements indépendants de ce plan en ont accéléré la réussite, mais c'est toujours là qu'elle doit être rapportée en dernière analyse. Il ne nous reste donc plus à faire que la récapitulation de ces progrès.

Pour éviter la confusion dans cet exposé du développement du nouveau système, au temporel et au spirituel, il faut d'abord distinguer les progrès faits par la masse des communes de ceux faits par leurs chefs temporels et leurs chefs spirituels. En outre, nous considérerons séparément les progrès civils du nouveau système, et ses progrès politiques. Nous entendons par progrès civils du nouveau système son développement propre, envisagé en faisant abstraction de tout rapport avec l'ancien système ; et par progrès politiques, l'influence que celui-ci a laissé prendre sur la formation du plan politique général, ainsi que la portion d'autorité législative que le nouveau système a obtenue.

Considérons d'abord les progrès civils et politiques du nouveau système, quant au temporel, et, en premier lieu, les progrès civils.

Ce n'est point ici le lieu de retracer, même sommairement, les progrès vraiment immenses faits par les arts et métiers, depuis l'affranchissement des communes ; bornons-nous à les envisager, en tant qu'ils se rapportent à l'organisation du nouveau système.

Depuis cette époque, la capacité industrielle a acquis un développement dont l'imagination la plus active ne saurait se représenter un tableau exact. Tous les arts connus jusqu'alors ont été prodigieusement perfectionnés, et une foule incomparablement plus grande d'arts nouveaux ont été créés. L'agriculture a multiplié ses produits dans une proportion énorme. Les relations commerciales se sont perfectionnées à un degré incalculable, et en même temps elles ont pris une extension considérable, surtout depuis la découverte du Nouveau-Monde. En un mot, l'action de l'espèce humaine sur la nature s'est augmentée dans une proportion inappréciable, ou, pour ainsi dire, c'est alors qu'elle a vraiment été créée.

En résultat de cet accroissement d'action, une beaucoup plus grande portion de l'espèce humaine, dans les pays civilisés, s'est trouvée abondamment et sûrement pourvue des choses nécessaires à la vie, quoique la population y fût considérablement augmentée, et l'usage des objets de commodité et d'agrément s'est répandu dans une proportion analogue.

Voici quelles ont été les principales conséquences de ces perfectionnements, par rapport à l'organisation temporelle du nouveau système.

Les communes ont progressivement acquis une influence et une considération prépondérante. Tout dans la société est tombé sous leur dépendance, toutes les forces réelles sont entrées dans leurs mains, la force militaire même leur a été subordonnée, depuis l'invention de la poudre à canon.

D'une part, la découverte de la poudre a fait disparaître la supériorité physique que les armes donnaient aux militaires sur les artisans, et elle a assuré à ceux-ci les moyens de se garantir de la violence sans avoir besoin de recevoir une éducation militaire. D'une autre part, elle a rendu tout le système de la guerre dépendant des arts industriels et des sciences d'observation.

En même temps, la guerre étant aussi devenue par là de plus en plus coûteuse, elle ne peut plus se faire sans emprunts, pour lesquels le pouvoir militaire est dans une étroite dépendance des communes. En un mot, les choses sont successivement parvenues à ce point, que la guerre ne saurait avoir lieu si la capacité industrielle et la capacité scientifique refusaient leur coopération.

Les progrès politiques du nouveau système, quant au temporel, ont été la conséquence directe et nécessaire de ses progrès civils. A mesure que les communes ont acquis plus de richesses, plus de considération et plus d'importance civile, elles ont aussi gagné en influence sur la direction générale de la société, et en autorité politique directe.

C'est principalement en Angleterre que la marche des communes doit être observée sous ce rapport, parce que c'est là qu'elle a été le plus manifeste[1].

Les communes ayant commencé, dans le Parlement d'Angleterre, par obtenir une sorte de voix consultative dans le vote de l'impôt, parvinrent, peu à peu, à obtenir voix délibérative, et enfin il arriva plus tard que le vote de l'impôt leur fut spécialement accordé. Ce droit exclusif fut posé en principe fondamental, et d'une manière irrévocable, en résultat de la révolution de 1688.

En même temps, l'influence des communes sur la formation du plan de politique générale a été de plus en plus grande. A la même époque, elle est parvenue au point, en Angleterre, que l'ancien système a admis en principe que la

1. Presque aussitôt après leur affranchissement, les communes furent appelées, en France aussi bien qu'en Angleterre, à concourir à la formation des états généraux; mais, en France, ce pas n'eut presque aucune suite.

Je saisis cette occasion pour dire que je n'ai pas cru devoir prendre en considération les tentatives faites, peu de temps après l'affranchissement sur presque tous les points de l'Europe civilisée, et spécialement en Italie et en Allemagne, pour organiser des sociétés industrielles. Ces tentatives, qui n'étaient que l'éveil du nouveau système, n'ont laissé aucune trace durable; elles n'ont pas eu ni pu avoir le caractère organique.

Dans un exposé aussi rapide, elles auraient jeté de la confusion dans les idées, bien loin de les éclaircir.

prospérité sociale est basée sur l'industrie, et que, par conséquent, le plan politique doit être conçu dans l'intérêt des communes ; sous ce double rapport, la modification de l'ancien système en faveur du nouveau a été poussée aussi loin qu'elle puisse l'être, tant que la société restera soumise, dans son ensemble, à l'ancien système.

Ce pas fait par les communes a sûrement été très-essentiel, mais il est très-essentiel aussi de ne pas s'exagérer son importance ; il est très-essentiel de ne pas voir dans une simple modification un changement total de système.

En principe, le droit exclusif de voter l'impôt accordé aux communes devait les investir du pouvoir politique suprême. Mais, dans la réalité, ce droit a été jusqu'à présent fort peu utile aux communes, parce que, de fait, il n'a pas été exercé par elles. La chambre, dite *des communes,* n'a été au fond qu'une sorte d'appendice de la royauté et de la féodalité ; elle n'a été qu'un instrument pour l'ancien système. De même l'axiome admis en Angleterre par le pouvoir temporel, que le plan politique doit être conçu dans l'intérêt de l'industrie, n'a été que très-médiocrement utile aux communes jusqu'à présent. La raison en est que l'ancien système étant resté en possession de former ce plan, et devant nécessairement conserver la même fonction jusqu'à ce que le nouveau soit organisé définitivement, il n'a pu offrir aux communes, pour contribuer à leur bonheur, que ses propres moyens d'action, c'est-à-dire la force et la ruse. C'est ainsi que, depuis le fameux acte de navigation, le pouvoir temporel a fait des guerres systématiques, et combiné des plans machiavéliques, dans le dessein de servir les intérêts des communes.

L'établissement du régime parlementaire, en Angleterre, ne doit donc être envisagé que comme ayant modifié le plus possible l'ancien système, et constitué les moyens de passer au système nouveau. C'est uniquement sous ce point de vue qu'il a été utile aux communes, car, à le considérer en lui-même d'une manière absolue, ses conséquences lui ont été pour le moins aussi funestes qu'avantageuses.

La France, par l'adoption récente de la constitution anglaise, s'est mise de niveau avec l'Angleterre sous le double rapport que nous venons d'examiner. Seulement, comme ce changement s'est opéré à une époque de civilisation beaucoup plus avancée, il y a été beaucoup plus complet. La féodalité ayant été renversée avant que le régime parlementaire fût établi, la modification de l'ancien système s'est trouvée être infiniment plus grande qu'en Angleterre. Le principe qui considère l'intérêt des communes comme le but et le régulateur des combinaisons politiques a pris un caractère beaucoup plus large, plus général et plus prépondérant.

Enfin, par le fait que cet établissement a eu lieu en France à une époque où le besoin de changer entièrement de système politique était profondément senti, le caractère de transition attaché au régime parlementaire est devenu beaucoup plus prononcé.

Observons maintenant les progrès civils et politiques du nouveau système, quant au spirituel.

Avant l'introduction des sciences positives en Europe, toutes nos connaissances particulières étaient, aussi bien que les connaissances générales, entièrement théologiques et métaphysiques. Le peu de raisonnements qui se faisaient alors étaient uniquement fondés sur des croyances religieuses. Mais, depuis cette époque mémorable, les sciences naturelles ont commencé à se baser de plus en plus sur des observations et des expériences. Néanmoins elles sont encore restées mêlées de superstition et de métaphysique jusqu'à une époque assez rapprochée de nous. Elles ne sont parvenues à se dégager entièrement des croyances théologiques et des hypothèses métaphysiques que vers la fin du XVIe siècle et les premières années du XVIIe. L'époque où elles ont commencé à devenir vraiment positives doit être rapportée à Bacon, qui a donné le premier signal de cette grande révolution; à Galilée, son contemporain, qui en a donné le premier exemple, et enfin à Descartes qui a irrévocablement détruit dans les esprits le joug de l'autorité en matière scientifique. C'est alors que la philosophie naturelle a pris naissance, et que la capacité scientifique a eu son véritable caractère, celui d'élément spirituel d'un nouveau système social.

A partir de cette époque, les sciences sont successivement devenues positives dans l'ordre naturel qu'elles devaient suivre pour cela, c'est-à-dire dans celui du degré plus ou moins grand de leurs rapports avec l'homme. C'est ainsi que l'astronomie d'abord, la physique ensuite, plus tard la chimie, et de nos jours enfin la physiologie, ont été constituées sciences positives. Cette révolution est donc pleinement effectuée par toutes nos connaissances particulières, et elle tend évidemment à s'opérer aujourd'hui pour la philosophie, la morale et la politique, sur lesquelles l'influence des doctrines théologiques et de la métaphysique a déjà été détruite aux yeux de tous les hommes instruits, sans que toutefois elles soient encore fondées sur des observations. C'est la seule chose qui manque au développement spirituel du nouveau système social.

A mesure que les sciences sont devenues positives, et que par suite elles ont fait des progrès toujours croissant de plus en plus, une masse de plus en plus grande d'idées scientifiques est entrée dans l'éducation commune, en même temps que les doctrines religieuses perdaient peu à peu leur influence. Il s'est élevé des écoles spéciales pour les sciences où l'action de la théologie et de la métaphysique était pour ainsi dire nulle. Enfin l'état des esprits a tellement changé sous ce rapport, qu'aujourd'hui le système d'idée de chaque individu, depuis le citoyen le moins instruit jusqu'au plus éclairé, se rapporte presque en totalité aux sciences positives, et que les anciennes croyances n'y occupent en comparaison qu'une très-petite place, dans les classes mêmes où ces croyances ont conservé le plus d'empire.

On peut dire, sans exagération, que les doctrines religieuses n'ont d'influence sur les esprits que celle qui tient à ce que la morale leur est encore restée attachée. Cette influence durera nécessairement jusqu'à l'époque où la morale aura subi la révolution qui s'est déjà opérée dans toutes nos connaissances particulières en devenant positive. Dès ce moment, l'empire des croyances théologiques s'éteindra pour jamais; car il est très-évident que cet état des choses où toutes les parties de notre système d'idées sont devenues positives, tandis que les idées destinées à servir de lien général sont restées superstitieuses, ne saurait être que transitoire, sans quoi il impliquerait contradiction dans la marche générale des choses.

Les progrès politiques du nouveau système, quant au spirituel, ont été, comme au temporel, la suite inévitable de ses progrès civils. Depuis l'établissement des premières écoles pour l'enseignement des sciences d'observations, qui a eu lieu dans le XIIIe siècle, le pouvoir royal en France et la féodalité en Angleterre ont constamment et de plus en plus encouragé les sciences et relevé l'existence politique des savants.

En France, la royauté a pris de plus en plus l'habitude de les consulter sur les objets de leur ressort et de rechercher leur approbation, ce qui était implicitement reconnaître la supériorité des idées scientifiques positives, sur les idées théologiques et métaphysiques.

Peu à peu, ce que nos rois n'avaient d'abord envisagé que comme chose louable à faire, ils sont arrivés à le regarder comme un devoir, et ils ont reconnu l'obligation d'encourager les sciences et de se soumettre aux décisions des savants. L'établissement de l'académie des sciences, instituée sous Louis XIV, par le ministre Colbert, est une déclaration solennelle de ce principe. En même temps, cet établissement a été un premier pas vers l'organisation politique de l'élément spirituel du nouveau système.

Le nombre des académies s'est prodigieusement multiplié depuis cette époque, sur tous les points du territoire européen, et par l'action de la capacité scientifique sur les esprits. Elle a été constituée d'une manière régulière et légale. Son autorité politique s'est accrue dans une proportion analogue ; elle a exercé une influence directe et toujours croissante sur la direction de l'éducation nationale. Si l'on considère, sous ce rapport, les attributions légales dont la première classe de l'Institut est actuellement investie, on conviendra qu'elles sont à peu près aussi étendues qu'elles peuvent l'être, tant que le corps qui les exerce n'est pas chargé de l'enseignement de la morale[1]. Or c'est ce qui ne saurait avoir lieu qu'à l'époque où la morale sera devenue une science positive. Ainsi, sous ce rapport, comme sous tous ceux que nous avons considérés jusqu'à présent, l'ancien système a cédé la place au nouveau et lui a frayé les voies autant qu'il est possible. On ne peut aller plus loin qu'en organisant le nouveau système.

1. Il est clair, en thèse générale, que la direction suprême de l'éducation nationale et celle de l'enseignement de la morale doivent être dans les mêmes mains; les séparer serait absurde. Ainsi, tant que la morale restera uniquement fondée sur les croyances religieuses, il est inévitable que la direction générale de l'éducation appartienne, en dernière analyse, à un corps théologique ou du moins à l'esprit théologique.

Les hommes qui s'élèvent aujourd'hui si vivement contre les jésuites, contre les missionnaires et autres corporations religieuses, devraient donc bien sentir que le seul moyen de faire disparaître le reste d'influence de ces sociétés est de fonder la morale sur l'observation des faits.

Jusqu'à ce qu'un travail de ce genre soit fait, toutes ces réclamations seront à peu près inutiles, parce qu'elles portent à faux en très-grande partie.

Il est essentiel d'observer qu'en même temps que l'action scientifique s'est constituée et étendue de plus en plus dans chaque nation européenne considérée isolément, la combinaison des forces scientifiques des différents pays s'est aussi effectuée de plus en plus. Le sentiment de la nationalité a été (sous ce rapport) totalement écarté, et les savants de toutes les parties de l'Europe ont formé une ligue indissoluble, qui a toujours tendu à rendre européens tous les progrès scientifiques faits sur chaque point particulier. Cette sainte alliance, contre laquelle l'ancien système n'a aucun moyen de résistance, est plus forte pour opérer l'organisation du nouveau système que ne peut l'être, pour l'empêcher ou seulement pour la ralentir, la coalition de toutes les baïonnettes européennes.

La même combinaison a bien eu lieu, jusqu'à un certain point, entre les capacités industrielles des différentes nations européennes ; mais ce n'a été qu'à un degré infiniment plus faible. Le sentiment de rivalité nationale, les inspirations d'un patriotisme féroce et absurde, créées par l'ancien système et soigneusement entretenues par lui, ont conservé encore, quant au temporel, une très-grande influence. C'est ce qui fait que la ligue des différentes nations européennes pour organiser le nouveau système ne peut commencer qu'au spirituel. La coalition des capacités temporelles ne saurait s'opérer qu'après et en résultat de la précédente.

Enfin il importe d'observer qu'à mesure que les deux éléments du nouveau système ont fait, chacun séparément, des progrès nationaux et des progrès européens vers leur organisation politique finale, la combinaison entre ces deux éléments, et par conséquent la formation du système, s'est également effectuée de plus en plus. Une classe intermédiaire entre les savants, les artistes et les artisans, la classe des ingénieurs a pris naissance, et, dès ce moment, on a pu regarder la combinaison des deux capacités comme ayant commencé. Elle est devenue de plus en plus grande, à tel point qu'aujourd'hui, dans l'opinion commune des savants, ainsi que dans celle des artisans (quoique cependant à un degré moindre dans cette dernière), la véritable destination des sciences et des arts est de se combiner pour modifier la nature à l'avantage de l'homme, les unes en l'étudiant pour la connaître, les autres en appliquant cette connaissance.

De nombreux établissements publics et privés,

en France et en Angleterre principalement, ont vivifié ce principe en organisant un commencement de combinaison. Tels sont, en France, le Conservatoire des arts et métiers, et les différentes écoles qui s'y rapportent, la Société d'encouragement pour l'industrie, l'École des ponts et chaussées, etc.

Ainsi, non-seulement chacun des deux éléments du nouveau système a tendu successivement vers son organisation complète, et a fini par primer l'élément correspondant de l'ancien système, mais aussi leur combinaison a fait des progrès toujours croissants, qui les ont préparés à se coordonner ensemble pour diriger la société.

Nous n'avons considéré, dans tout ce qui précède, que les progrès civils et politiques faits par les chefs temporels et spirituels du nouveau système. Il nous reste à observer les pas faits par la masse des communes vers la nouvelle organisation sociale.

Ces pas ont été de deux espèces; les uns ont consisté dans la capacité acquise par la masse des communes, au temporel et au spirituel, de vivre sous le nouveau régime; les autres se rapportent à la coordination successive de la masse, sous les nouveaux chefs temporels et spirituels.

Il faut qu'une population ait acquis un certain degré de capacité temporelle et spirituelle, pour pouvoir vivre sous un système d'ordre social, où elle n'est pas soumise, quant au temporel, à l'empire de la force physique, et quant au spirituel à celui des croyances aveugles. L'homme qui, n'a pas contracté au temporel certaines habitudes d'ordre, d'économie et d'amour du travail, et qui au spirituel ne possède pas un certain degré d'instruction et de prévoyance, est hors d'état d'être émancipé ; il a indispensablement besoin d'être mené à la lisière. Il en est de même d'un peuple ; tant qu'il n'a pas rempli ces conditions, il ne saurait être gouverné autrement que d'une manière arbitraire. C'est ainsi, par exemple, que les serfs de Russie, qui dans un pressant besoin mangent le blé de semence, sont encore incapables même de jouir de la liberté individuelle. Tenter leur émancipation avant qu'ils aient contracté de meilleures habitudes, serait une véritable absurdité qui ne saurait avoir de succès. Tandis qu'en France, où la masse entière de la nation sait souffrir la faim à côté du blé de semence sans y toucher, le peuple n'a plus besoin d'être gouverné, c'est-à-dire commandé. Il suffit, pour le maintien de l'ordre, que les affaires d'un intérêt commun soient administrées.

De même au spirituel, le peuple qui par exemple aurait une croyance suffisante dans les sorciers, pour se laisser guider par eux dans ses affaires importantes, a besoin que son esprit soit gouverné arbitrairement par des hommes plus éclairés. Il ne saurait être livré à lui-même sans inconvénient pour ses propres intérêts. Mais il est évident qu'aussitôt que la masse d'un peuple se trouve en état de se conduire, dans les affaires ordinaires de sa vie, d'après ses propres connaissances, et que par conséquent il se trouve avoir satisfait aux deux conditions que nous avons posées, elle n'a nullement besoin d'être gouvernée ; elle peut se conduire par elle-même, sans que la tranquillité coure aucun risque. On peut même ajouter que toute action de commandement, exercé sur elle à cette époque où elle est devenue inutile, tend à troubler la tranquillité plutôt qu'elle ne sert à la maintenir.

Depuis l'affranchissement des communes, la masse de la population française a contracté peu à peu et acquis les lumières suffisantes pour vivre sous le nouveau système. L'abolition de l'esclavage a rendu, par le fait même, tous les individus propriétaires; il n'a plus existé depuis de prolétaires réels, dans l'acception rigoureuse de ce mot. Il est même à propos d'observer que la propriété industrielle née de l'affranchissement exige par sa nature une bien plus grande capacité que la propriété territoriale, telle qu'elle a existé depuis. Car celle-ci, quand elle existe séparément de la culture, n'exige d'autre talent que celui de jouir de ses revenus avec assez de modération pour ne pas entamer ses capitaux. C'est le cultivateur qui a besoin de capacité, et non le possesseur de la terre.

Le peuple étant devenu propriétaire a contracté peu à peu toutes les habitudes d'amour de l'ordre et du travail, toutes celles de prévoyance et de respect à la propriété [1], et en même temps il a acquis assez généralement en France, en Angleterre et dans le nord de l'Allemagne, le premier degré d'instruction.

Sans doute il reste beaucoup à faire sous ces

1. Quand on a vu dans l'affreuse disette de 1794, au moment où la dernière classe du peuple était toute-puissante, cette même classe mourir de faim par milliers, sans que la tranquillité ait été troublée un seul instant sous ce rapport, on peut bien dire que le peuple français sait respecter la propriété.

deux rapports et surtout sous le second. Mais le perfectionnement a été assez grand pour que le peuple n'ait plus besoin d'être gouverné par la force et par les croyances. Il a acquis la capacité nécessaire pour devenir associé en vivant sous le nouveau système, où l'action de gouverner doit être réduite à ce qu'il est indispensable pour établir une subordination de travaux dans l'action générale des hommes par la nature, qui est le but final du système.

En réalité, la tranquillité n'est maintenue essentiellement aujourd'hui que par ces nouvelles habitudes; l'appareil militaire du pouvoir temporel n'y contribue que très-accessoirement[1], de même que l'appareil infernal du pouvoir spirituel.

Examinons maintenant de quelle manière la population s'est organisée successivement sous les nouveaux chefs temporels et spirituels.

1. L'action de l'ancien système est encore indispensable pour le maintien de l'ordre; mais ce n'est point sous le rapport que nous venons de considérer, c'est seulement comme empêchant les ambitieux et les intrigants de troubler la tranquillité, en se disputant un pouvoir qui attirera leurs désirs jusqu'à ce qu'il puisse s'éteindre par l'organisation définitive du nouveau système. Or, ce n'est point le peuple qui vise ainsi au pouvoir, c'est la classe oisive et parasite de la société, c'est-à-dire aujourd'hui l'ancienne féodalité et la féodalité de Bonaparte.

Avant l'affranchissement des communes, la masse du peuple se trouvait avoir, au temporel, pour chefs uniques et permanents, les militaires. Depuis l'affranchissement, au contraire, le peuple s'est peu à peu détaché de ces chefs, et s'est en même temps organisé sous la direction des chefs des arts et métiers. Il a contracté envers eux des habitudes de subordination et de discipline qui, sans être rigoureuses pour lui, sont tout à fait suffisantes pour maintenir l'ordre dans les travaux et la bonne harmonie dans la société.

On peut rapporter à l'origine de l'institution des armées permanentes et soldées sous Charles VII, le moment de la séparation entière du peuple d'avec les chefs militaires. Dans l'intervalle qui s'est écoulé depuis l'affranchissement jusqu'à la naissance de cette institution, le peuple a été coordonné à peu près également sous les deux espèces de chefs. Pour tous les travaux pacifiques habituels, il était sous la direction des chefs industriels ; mais, pour les travaux et exercices militaires, il était en général sous le commandement des chefs militaires.

Quand une fois les armées permanentes et soldées ont été établies, le métier de soldat étant devenu l'objet d'une fraction particulière et séparée de la population, la masse du peuple n'a plus eu aucun rapport avec les chefs militaires, elle n'a plus été organisée qu'industriellement. Celui qui se faisait soldat ne se regardait plus et n'était plus regardé comme appartenant au peuple; il passait des rangs du nouveau système dans ceux de l'ancien, de communal il devenait féodal, et voilà tout. C'était lui qui se dénaturait, et non le système dont auparavant il faisait partie.

Ainsi cette institution des armées permanentes, devenue aujourd'hui, par les progrès de la civilisation, si onéreuse et si inutile, a été un intermédiaire indispensable pour parvenir à l'organisation du nouveau système.

Que l'on considère aujourd'hui l'état du peuple, et on verra qu'effectivement il n'est plus en rapport direct et continu, au temporel, qu'avec ses chefs industriels. Suivez par la pensée dans ses relations journalières un ouvrier quelconque, soit dans l'agriculture, soit dans les manufactures, soit dans le commerce, vous trouverez qu'il n'est habituellement en contact et en subordination qu'avec des chefs agriculteurs, manufacturiers, ou commerçants, et nullement, pa exemple, avec le grand seigneur, qui est propriétaire de la terre, ou le capitaliste oisif auquel appartiennent, en tout ou en partie, la manufacture ou la maison de commerce. Ses rapports avec les chefs militaires de la société rentrent tous dans les rapports généraux du nouveau système avec l'ancien ; il n'en a plus d'un autre ordre.

C'est ici le lieu d'observer, par rapport au peuple, la différence fondamentale qui existe à son avantage entre sa coordination actuelle vis-à-vis de ses chefs industriels et son ancienne soumission aux chefs militaires. Cette différence fera ressortir une des oppositions les plus importantes et les plus heureuses entre l'ancien système et le nouveau.

Dans l'ancien système, le peuple était *enrégimenté* par rapport à ses chefs ; dans le nouveau, il est *combiné* avec eux. De la part des chefs militaires il y avait *commandement,* de la part des chefs industriels il n'y a plus que *direction.* Dans le premier cas, le peuple était *sujet,* dans le second il est *sociétaire.* Tel est effectivement l'admirable caractère des combinaisons industrielles, que tous ceux qui y concourent sont, en réalité, tous collaborateurs, tous associés, depuis le plus simple manouvrier jusqu'au manufacturier le plus opulent, et jusqu'à l'ingénieur le plus éclairé.

Dans une société où il entre des hommes qui n'apportent ni capacité, ni mise quelconque, il y a nécessairement des maîtres et des esclaves, sans quoi les travailleurs ne seraient pas assez dupes pour consentir à un pareil arrangement s'ils pouvaient s'y soustraire. On ne peut pas même concevoir une telle société ayant commencé autrement que par la force. Mais dans une coopération, où tous apportent une capacité et une mise, il y a véritablement association, et il n'existe d'autre inégalité que celle des capacités et celle des mises, qui sont l'une et l'autre nécessaires, c'est-à-dire inévitables, et qu'il serait absurde, ridicule et funeste de prétendre faire disparaître.

Chacun obtient un degré d'importance et des bénéfices proportionnels à sa capacité et à sa mise; ce qui constitue le plus haut degré d'égalité qui soit possible et désirable. Tel est le caractère fondamental des sociétés industrielles, et voilà ce que le peuple a gagné en s'organisant par rapport aux chefs des arts et métiers. Il n'y a plus de commandement exercé sur lui par ses nouveaux chefs, que ce qui est strictement nécessaire pour maintenir le bon ordre dans le travail, c'est-à-dire très-peu de choses. La capacité industrielle répugne tout autant par sa nature à exercer l'arbitraire qu'à le supporter. N'oublions pas d'ailleurs que, dans une société de travailleurs, tout tend naturellement à l'ordre; le désordre vient toujours, en dernière analyse, des fainéants.

Enfin, observons que les progrès de l'industrie, des sciences et des beaux-arts, en multipliant les moyens de subsistances, en diminuant le nombre des inoccupés, en éclairant les esprits et en polissant les mœurs, tendent de plus en plus à faire disparaître les trois plus grandes causes de désordre : la misère, l'oisiveté et l'ignorance.

— Nous avons à faire, pour le spirituel, des observations analogues à celles qui viennent d'être faites pour le temporel.

Avant l'introduction des sciences positives en Europe, ou, pour parler plus juste, avant que les sciences eussent passé des mains du clergé dans celles des séculiers (événement qui suivit le premier de très-près), la masse du peuple était organisée spirituellement par rapport à ses chefs théologiques. Le peuple croyait sur leur parole; il les consultait sur tout, et il s'en rapportait aveuglément à leurs décisions; les doctrines qu'il leur convenait d'établir devenaient les siennes. En un mot, il avait à leur égard l'habitude d'une confiance absolue et d'une soumission d'esprit tout à fait illimitée. Mais du moment que les sciences positives ont eu acquis un certain développement, cette confiance et ce respect se sont peu à peu retirés du clergé et transportés successivement aux savants.

Ce changement a été puissamment secondé par le changement analogue qui s'était déjà effectué dans le temporel. Le peuple, organisé industriellement, s'aperçut bientôt que ses travaux ordinaires d'arts et métiers n'étaient nullement en rapport avec les idées théologiques, qu'il ne pouvait tirer des théologiens aucunes lumières réelles sur les objets de ses occupations journalières, et partout où il put être en contact avec les savants, soit directement, soit indirectement, il perdit l'habitude de consulter les prêtres, et il prit celle de se mettre en rapport avec ceux qui possédaient les connaissances positives. Sans doute ce rapport est encore fort loin d'être aussi intime qu'il pourrait et devrait l'être, et cela tient principalement, non pas au peu de désir que le peuple aurait de s'instruire, mais au peu de moyens qu'il en a et au peu de soin qu'on prend pour lui faire acquérir les connaissances qui lui seraient utiles. Le peuple est au contraire avide d'instruction bien plus que les oisifs de nos salons, parce que ses travaux lui en font sentir à tout instant la nécessité. Partout où il a trouvé possibilité d'étudier, il a étudié. Mais quoique l'action de la capacité scientifique sur le peuple soit encore très-faible, eu égard à ce qu'elle peut devenir, il n'en est pas moins vrai qu'elle est beaucoup plus grande qu'on ne se le figure ordinairement. Des faits saillants et incontestables prouvent que le peuple accorde aujourd'hui à l'opinion unanime des savants le même degré de confiance qu'il accordait dans le moyen âge aux décisions du pouvoir spirituel.

Ainsi, par exemple, depuis environ un siècle, le peuple a cessé unanimement de croire à l'immobilité de la terre, il a admis la théorie astronomique moderne, et il y attache autant de certitude qu'il en a jamais attaché aux anciennes croyances religieuses. Quelle est la cause de cette révolution dans les opinions populaires? Est-ce parce que le peuple a pris connaissance des démonstrations qui établissent la théorie du mouvement de la terre? Certainement non, car ces démonstrations ne sont peut-être pas entendues de trois mille individus sur toute la population française. La confiance du peuple tient évidemment à l'unanimité qu'il a reconnue dans les opinions des savants sur ce point de doctrine.

Qu'on prenne également dans les sciences d'observation toutes les découvertes qui sont aujourd'hui populaires, on verra que toutes le sont devenues de la même manière. C'est ainsi que le peuple a successivement admis la circulation du sang, l'identité entre la matière de la foudre et de l'électricité, etc., etc. D'ailleurs, en fait de sciences, tous ceux qui ne sont pas susceptibles d'entendre les démonstrations, sont peuple. La même confiance qui a tant fait admettre aux gens du monde l'analyse de l'air et de l'eau, la loi de la gravitation universelle, la décomposition de la lumière, et tant d'autres découvertes astronomiques, physiques, chimiques et physiologiques, les fera également accepter par le peuple un peu plus tard.

Il est donc prouvé par les faits les plus sensibles que le peuple est aujourd'hui spontanément confiant et subordonné à l'égard de ses chefs scientifiques, de même qu'il l'est temporellement, par rapport à ses chefs industriels, et j'ai, par conséquent, le droit de conclure que la confiance est organisée dans le nouveau système aussi bien que la subordination.

Nous devons également observer ici que la confiance du peuple pour ses nouveaux chefs spirituels est tout à fait distincte , par sa nature, de celle qu'il avait dans l'ancien système pour ses chefs théologiques; celle-ci consistait dans une soumission d'esprit tout à fait aveugle, qui exigeait dans chaque individu une abnégation absolue de sa propre raison. La confiance dans les opinions des savants a un tout autre caractère. C'est l'assentiment donné à des propositions sur des choses susceptibles de vérification, propositions admises à l'unanimité par les hommes qui ont acquis et prouvé la capacité nécessaire pour en juger.

A la vérité le fait est admis sans preuves, mais il n'est admis de cette manière que par la raison qu'on se juge incapable de suivre les démonstrations qui établissent ces vérités. Cette confiance renferme toujours implicitement la réserve expresse du droit de contradiction, en cas de nouvelles démonstrations produites, qui prouvent qu'elle est mal fondée, ou de lumières suffisantes acquises par le croyant pour combattre les opinions reçues. Le peuple est donc loin de renoncer par là au libre exercice de sa raison.

Cette confiance du peuple dans les opinions des savants est absolument du même ordre, quoique beaucoup plus étendue, que celle des savants les uns pour les autres.

Les mathématiciens croient journellement les physiologistes sur parole, et réciproquement chacun d'eux pour leurs classes respectives.

Dans la même science, n'arrive-t-il pas tous les jours que les savants croient provisoirement sur la parole les uns des autres, avant d'avoir pu connaître et juger les démonstrations. Quel est, par exemple, le mathématicien qui se serait refusé à admettre, sans examen, une proposition d'après l'autorité de Lagrange?

Cette croyance n'a aucun inconvénient dans les sciences, parce qu'elle n'est jamais que provisoire. La confiance du peuple pour les savants a précisément le même caractère; seulement c'est un provisoire qui se prolonge indéfiniment, quoique toujours regardé comme provisoire. Ainsi, cette confiance n'est nullement humiliante pour le peuple, et elle ne saurait jamais avoir, pour ses intérêts, la moindre des conséquences funestes de la soumission d'esprit aux théologiens.

La crainte de voir s'établir un jour un despotisme fondé sur les sciences serait une chimère aussi ridicule qu'absurde, elle ne saurait naître que dans des esprits absolument étrangers à toute idée positive.

D'après ce qui précède, le peuple se trouvant aujourd'hui organisé temporellement et spirituellement par rapport au nouveau système, la partie la plus difficile de l'établissement de ce système se trouve pleinement exécutée. Ce grand changement a simplifié le plus possible le travail à faire pour cet établissement définitif, en réduisant tout ce qui reste à faire pour cela à des rapports entre les chefs du nouveau système et les chefs de l'ancien.

Le peuple a été éliminé de la question.

C'est pour le peuple que la question se résoudra, mais il y restera extérieur et passif.

Le seul danger qu'il ait à craindre, sa seule précaution à prendre, c'est de ne pas se laisser détourner du but par les intrigues des ambitieux, qui tendent à se disputer le pouvoir caduc de l'ancien système.

Telles sont, en aperçu, les parties principales du tableau que nous présente, depuis le XIe siècle, la marche de la civilisation, considérée sous le rapport du développement graduel du nouveau système social. Essayons maintenant de résumer le plus sommairement possible les résultats de cette grande série organique.

RÉSUMÉ DE LA DEUXIÈME SÉRIE.

Nous sommes partis de ce fait fondamental :

L'affranchissement des artisans et l'introduction des sciences positives en Europe ont constitué, au xie siècle, les deux éléments d'un nouveau système social, la capacité industrielle et la capacité scientifique.

Nous avons observé ensuite :

1° Que les deux capacités élémentaires du nouveau système social étaient établies sur des bases d'une nature très-différente des pouvoirs sur lesquels l'ancien système reposait ;

2° Que ces deux capacités s'étaient constituées en dehors de l'ancien système, et de manière à se rendre aussi indépendantes de lui que possible ;

3° Que les communes, où les deux capacités réunies ont pris, dès l'origine, le sage parti de ne point prétendre à partager l'autorité de l'ancien système, et se sont proposé uniquement de profiter du degré d'indépendance dont elles jouissaient, pour tendre à exercer sur la nature la plus grande action possible ;

4° Que ce plan, invariablement suivi, a eu le double effet qu'il devait avoir ; que, d'une part, les éléments du nouveau système ont acquis leur plein et entier développement, d'où il est résulté que leur force civile est devenue prépondérante ; que, d'une autre part, ils ont obtenu peu à peu un plus grand degré de liberté dont ils ont toujours usé de la même manière, et qu'enfin ils se sont trouvés tout naturellement investis d'une portion d'autorité législative à laquelle ils n'avaient pas visé directement ;

5° Que toutes les forces temporelles et spirituelles de la société sont passées dans les mains des communes, que la force militaire elle-même s'est subordonnée à leur influence ;

6° Que les communes ont obtenu, sur le plan politique formé par l'ancien système, tout l'ascendant qu'elles pouvaient avoir, tant que ce plan ce sera pas formé par elles, le pouvoir temporel ayant admis en principe que toute l'organisation sociale devait être combinée dans l'intérêt des communes ;

7° Que le pouvoir temporel a établi le régime

parlementaire qui, par le vote exclusif de l'impôt accordé aux communes (au moins en principe), les a investies de toute l'autorité législative qu'il pouvait leur céder sans se détruire lui-même;

8° Que cette autorité est plus que suffisante pour que les communes puissent aujourd'hui procéder directement ou d'une manière légale à l'organisation finale du nouveau système;

9° Qu'en même temps que ces progrès ont été faits par les chefs temporels et spirituels du nouveau système, la masse des communes s'est détachée entièrement de ses chefs militaires et théologiques, et s'est organisée sous le rapport temporel et sous le rapport spirituel, à l'égard des chefs des deux capacités positives;

Qu'ainsi, l'ancien système a cédé au nouveau tout ce qu'il pouvait lui abandonner sans s'anéantir, et qu'il lui a aplani les voies par lesquelles celui-ci doit marcher à sa constitution définitive.

Voici donc, en résultat, de tout le passé depuis le XIe siècle, l'état actuel du nouveau système; toutes les forces de la société lui appartiennent. Toutes les doctrines nécessaires à son organisation existent dans leurs éléments, qui sont les sciences d'observation. En un mot, la société est organisée dans toutes ses parties pour agir sur la nature. Il ne reste plus qu'à organiser son ensemble de la même manière. Les moyens dont les communes avaient besoin pour cela existent.

o RÉSUMÉ GÉNÉRAL DES DEUX SÉRIES.

Quand l'ancien système social s'est définitivement constitué (au XIe siècle), les éléments du système qui devait lui succéder ont pris naissance.

Depuis cette époque, deux actions d'une nature différente ont été exercées simultanément et sans interruption par le nouveau système ; d'une part il a tendu à détruire l'ancien, de l'autre à le remplacer.

Pour la première action, les communes se sont liguées d'abord avec un des pouvoirs de l'ancien système contre l'autre, en profitant des divisions qui s'étaient élevées entre eux ; et après avoir terrassé le pouvoir qu'elles avaient combattu, elles ont formé une nouvelle ligue avec une des fractions du pouvoir dont elles avaient été alliées, contre une fraction de ce même pouvoir.

Pour la seconde action, elles se sont tenues extérieures à l'ancien système, et elles se sont bornées à agir sur la nature.

Ce renversement et cette organisation se sont toujours combinés de manière que le nouveau système s'est emparé successivement de tous les postes occupés par l'ancien, à mesure que celui-ci les a abandonnés.

Pendant l'époque de sa pleine vigueur, l'ancien système gouvernait à la fois l'action générale de la société et toutes les actions sociales particulières, tant au spirituel qu'au temporel. Toutes les actions privées et toutes les connaissances particulières se sont d'abord dégagées peu à peu des liens de l'ancien système, et elles se sont coordonnées par rapport au nouveau. Le nouveau système s'est organisé dans tous les détails de la société.

L'ancien système, après avoir perdu absolument toute son influence sur les détails, a successivement perdu, au temporel et au spirituel, la majeure partie de son empire sur l'action sociale générale.

Il reste en possession de la formation du plan politique général, ce qui ne saurait être autrement jusqu'à l'organisation totale du nouveau système. Mais il a été admis, en principe fondamental, que ce plan devait être combiné dans l'intérêt des communes.

Le pouvoir temporel a été réduit aux moindres dimensions qu'il puisse avoir jusqu'à l'extinction entière de l'ancien système et son remplacement par le nouveau. Le pouvoir spirituel a été complétement renversé, comme puissance politique. Il n'a plus d'autre influence que celle dérivée de ce que l'enseignement de la morale se trouve encore entre ses mains, et qu'il est encore fondé sur ses doctrines.

Le nouveau système, après avoir obtenu la direction exclusive de tous les détails de la société, a successivement gagné, dans la direction de l'ensemble, tout ce que l'ancien système a perdu.

Au temporel, il a été reconnu que les communes avaient le droit de modifier à leur gré le plan politique général, et l'exercice légal de ce droit a été régulièrement constitué, ce qui a établi en même temps le moyen de transition.

Au spirituel, la capacité scientifique a obtenu sur l'éducation nationale toute l'influence qu'elle peut avoir, tant que l'enseignement de la morale n'est point encore passé entre ses mains.

La force des deux systèmes, sous le rapport de l'action qu'ils exercent sur la direction de l'ensemble de la société, est aujourd'hui à peu près la même ; la différence est plutôt pour le nouveau que pour l'ancien.

Ainsi l'état présent de la société est la coexistence d'un système caduc et d'un système adulte, dont l'un a perdu toute son influence sur les détails, et la moitié de celle qu'il possédait sur l'ensemble, et dont l'autre domine toutes les parties, plus une moitié de l'ensemble.

Le nouveau système n'a donc plus qu'un dernier échelon à monter pour parvenir à son entière organisation, et à achever de remplacer l'ancien. Il ne lui reste plus qu'à compléter ses progrès au temporel et au spirituel. Au temporel, en s'emparant de la chambre des communes ; au spirituel, en établissant la morale sur des principes uniquement déduits de l'observation. Or, tout est préparé pour cela ; les moyens existent, il ne faut que les employer.

La seule chose qui manque aujourd'hui au nouveau système pour terminer sa constitution, c'est uniquement une volonté ferme et active de la part des savants et des artisans, d'entreprendre la tâche que je viens d'indiquer, chacun pour la partie que la marche de la civilisation lui assigne.

Que les beaux-arts, par la force d'imagination qui est entre leurs mains, exercent sur la masse commune l'action suffisante, pour la déterminer à suivre irrévocablement cette direction, et à seconder ses chefs naturels dans cette grande coopération.

Que les artistes transportent le paradis terrestre dans l'avenir, qu'ils le présentent comme devant être le résultat de l'établissement du nouveau système, et ce système se constituera promptement.

DIXIÈME LETTRE.

Dans les deux lettres précédentes, j'ai examiné la marche de la civilisation depuis le XIe siècle.

J'ai observé cette marche sous le double rapport de la décadence du système social qui s'était définitivement constitué à cette époque, et de l'organisation graduelle du nouveau système, dont les éléments avaient pris naissance au même instant.

J'ai conduit cette double récapitulation jusques et y compris l'établissement du régime parlementaire en France, c'est-à-dire jusqu'en 1814. Il me reste à examiner actuellement les progrès qui ont été faits dans la même direction, depuis le dernier terme des deux grandes séries d'observations que j'ai produites.

Commençons par rappeler, d'après la récapitulation qui a terminé la lettre précédente, le point où la civilisation était alors parvenue, et le pas qu'elle avait à faire immédiatement par rapport à l'un et à l'autre système.

Nous avons vu, d'un côté, que par le fait même de l'établissement du régime parlementaire, la modification et la décadence de l'ancien système avaient été poussées aussi loin qu'elles peuvent l'être jusqu'à l'entière organisation du nouveau. D'un autre côté, nous avons reconnu que le nouveau système touchait à sa constitution définitive, que les voies par lesquelles la transition devait s'opérer étaient préparées, au temporel et au spirituel.

Au temporel, par l'institution d'une chambre des communes investie du mode exclusif de l'impôt.

Au spirituel, par la proclamation du principe de la liberté illimitée de conscience.

Nous avons conclu de cet état des choses, qu'il ne restait plus rien à faire quant au décroissement direct de l'ancien système, et qu'il fallait s'occuper exclusivement de terminer la formation du nouveau.

Enfin, nous avons établi que, sous ce dernier rapport, tout se réduisait, quant à la partie temporelle, à composer la chambre des communes en totalité de membres des communes, c'est-à-dire d'artisans ; quant à la partie spirituelle, à fonder la morale sur des bases uniquement déduites des observations, ce qui concerne les savants.

Tels sont évidemment, d'après l'examen approfondi de la marche de l'esprit humain, les deux progrès immédiats réservés à la génération présente.

Comparons maintenant, à ce type de ce qui devait se faire, ce qui a été fait réellement.

Depuis la promulgation de la Charte, la royauté est restée fidèle à ses habitudes primitives de préparer les voies aux communes ; je voudrais pouvoir dire également que les communes ne se sont pas écartées de la route qu'elles devaient suivre ; je voudrais pouvoir dire : elles ont profité sur-le-champ des moyens qui leur étaient procurés pour suivre le développement de leur système politique.

Au temporel, il a été créé, par la royauté, une loi d'élections qui a admis les industriels à l'électorat, comme industriels, dans une proportion raisonnable pour leur début dans ce genre.

Au spirituel, la royauté a établi d'une manière directe et solennelle (dans la discussion de la loi sur la presse) le principe de la séparation de la morale d'avec la religion.

L'admission des industriels à l'électorat a été le seul perfectionnement réel qui ait été fait à l'organisation sociale depuis l'origine de la Révolution française ; elle a été une amélioration capitale du régime parlementaire, tel que les Anglais l'avaient établi, et cette amélioration a été provoquée par la royauté, ce qui est très-important à remarquer.

Sans doute on n'a point encore atteint par là le but indiqué, à cet égard, par la marche de la civilisation. Car ce but est, ainsi que je l'ai exprimé déjà plusieurs fois, de composer la Chambre des communes en totalité de membres des communes; mais cette admission a été un premier pas fait dans cette route, puisqu'elle a donné aux industriels la faculté d'introduire dans la chambre représentative un certain nombre de chefs des arts et métiers. Quand même ce n'eût été d'abord que suivant une proportion égale à celle des artisans dans le corps électoral, ce qui était très-facile à réaliser, le nombre de ces députés aurait été assez grand pour influencer manifestement les délibérations et pour leur imprimer, d'une manière positive, le caractère communal[1].

La déclaration faite par la royauté, que la morale est indépendante de la religion, doit être envisagée comme un perfectionnement capital du principe de la liberté de conscience, tel qu'il avait été établi par les philosophes du XVIIIe siècle. On peut même dire que l'utilité de

1. A la vérité, depuis cette époque, quelques industriels importants ont été nommés députés, sans qu'ils aient exercé sur les délibérations aucune influence communale sensible. Mais, s'étant trouvés jetés en très-petit nombre au milieu des militaires, des gens de loi et des fonctionnaires publics, ils ont dû se laisser modifier par l'ancien esprit politique, au lieu de le modifier eux-mêmes.

Il ne faudrait pas conclure de ce fait que les délibérations conserveraient le même caractère, si la Chambre était composée d'industriels en totalité, ou même seulement si elle était composée suivant une proportion égale à celle des artisans dans le corps électoral, surtout si ces députés étaient élus spécialement comme industriels.

ce dernier principe n'a consisté, sous le rapport organique[1], qu'à préparer cette déclaration.

En effet, tant que l'autorité sociale n'a point reconnu que la morale peut être traitée indépendamment des idées religieuses, il est impossible que les savants s'occupent de l'établir sur des principes uniquement déduits de l'observation. La liberté des cultes ne diminue point par elle-même cette impossibilité, au moins d'une manière essentielle. La faculté de se choisir une croyance à volonté ne fait point cesser directement l'obligation de fonder la morale sur des croyances[2].

Quand le pouvoir suprême a non-seulement admis, mais qu'il a établi de lui-même la séparation de la morale d'avec la religion, tous les obstacles qui s'opposaient à ce que les savants travaillassent directement à établir la morale sur des observations sont entièrement levés. Il ne reste plus qu'à mettre la main à l'œuvre.

1. Le principe de la liberté de conscience a sans doute exercé une action spéciale et directe; mais c'est uniquement sous le rapport critique, et comme détruisant d'une manière irrévocable l'autorité du pouvoir spirituel. C'est ainsi que j'ai considéré le principe de la liberté de conscience dans ma première série d'observations.

2. Cela est très-sensible dans les États-Unis d'Amérique,

Ainsi, bien loin d'entraver le développement du nouveau système social, il est de fait que, depuis l'établissement de la Charte, la royauté a favorisé cet établissement autant qu'il a dépendu d'elle, au temporel et au spirituel[1].

Quoique la royauté ait exercé cette action sans

qui sont très en arrière de notre civilisation, sous ce rapport capital.

Quoique la plus extrême liberté des cultes existe en Amérique, quoique tous les jours ce pays voie éclore des religions d'une invention nouvelle, l'obligation de fonder la morale sur une théologie quelconque y est poussée jusqu'au fanatisme, et nul n'oserait s'y soustraire ouvertement.

Certainement aucun ministre américain ne prendrait sur lui de proclamer ou même d'insinuer dans l'une des deux Chambres du congrès ce que M. de Serres, au nom du pouvoir royal, a établi d'une manière si expresse et si péremptoire à notre tribune législative.

1. Jusqu'à présent le caractère d'allié que le pouvoir royal avait eu dès l'origine, vis-à-vis des communes, ne s'était présenté que comme celui d'une action combinée; il ne s'était présenté que comme une coalition de la tête de l'ancien système et des éléments du nouveau, luttant ensemble contre la féodalité, leur ennemi commun.

Dans cette action, la royauté pouvait être envisagée comme travaillant uniquement à sa propre conservation, sans avoir l'intention expresse de favoriser la cause des communes.

Mais, par les deux mesures de l'admission des industriels à l'électorat et de la déclaration d'indépendance de la morale à l'égard des idées religieuses, la royauté a pris un caractère absolument neuf, c'est celui d'une initiative directe pour la formation du nouveau système, ce qui constitue de sa part le plus haut degré d'élévation et de générosité politique.

Espérons que la royauté soutiendra ce rôle, qui est à la fois le plus honorable et le plus conforme à ses intérêts.

s'en rendre compte, faisons à son égard, pour rendre cette idée plus sensible, une hypothèse analogue à celle que nous avons employée dans la lettre précédente, quand nous avons supposé que les communes, à leur origine, s'étaient dirigées d'après un plan.

Le roi, placé par sa position au plus haut point de généralité politique, peut être regardé comme ayant reconnu, d'après l'observation de la marche de l'esprit humain, la tendance actuelle du nouveau système vers son organisation définitive ; dès lors, voyant les pas qui restaient à faire à ce système pour atteindre ce but, il a résolu de les lui rendre plus faciles, en proposant les deux mesures dont nous avons parlé.

Ces deux mesures peuvent être envisagées comme un appel fait par la royauté aux artisans et aux savants, pour les inviter à travailler directement à la constitution finale du nouveau système social[1].

1. Du reste, je me propose d'établir expressément, dans les livraisons suivantes, que cette manière hypothétique de considérer les choses est, en la réalisant aujourd'hui, la plus conforme aux intérêts de la royauté ainsi qu'à ceux des communes.

La liaison intime de la royauté avec les communes et des communes avec la royauté est le seul moyen, pour la dynastie

Comment les communes ont-elles répondu à cet appel. Cette question sera, dans la livraison suivante, le sujet d'un examen direct. Je dois me borner ici à une simple indication de ma pensée sur ce point.

Au lieu de marcher dans la voie qui leur était ouverte par la loi des élections, et d'envoyer à la Chambre des communes des industriels importants, les communes ont laissé dominer leur choix par la féodalité de Bonaparte, et se sont laissé entraîner par elle dans une direction hostile contre le pouvoir royal, leur allié naturel.

De même les savants, au lieu de travailler à la formation d'une morale positive, ont continué, pour la plupart, à rester indifférents, ou à refaire la critique des doctrines théologiques.

En un mot, la royauté a ouvert une porte aux artisans et une autre porte aux savants, pour entrer de plain-pied dans le nouveau système; les uns et les autres sont restés toujours en dehors, à faire brèche dans le vide pour pratiquer des ouvertures qui venaient d'être formées.

Depuis ce moment, la politique a pris le ca-

actuelle, d'éviter le sort que lui prépare la féodalité de Bonaparte, et pour les communes d'empêcher l'établissement momentané du despotisme militaire.

ractère d'insignifiance qu'elle doit naturellement avoir quand on a atteint sans s'en apercevoir le but vers lequel on tendait, et qu'on se conduit toujours comme s'il fallait encore l'attendre.

Quelque mal entendue qu'ait été cette conduite, il n'en reste pas moins constant que, depuis l'établissement du régime parlementaire en France (en 1814), les deux conditions préliminaires qui étaient encore à remplir, au temporel et au spirituel, pour que les communes pussent travailler directement à la formation du nouveau système social, ont été suffisamment remplies, l'une par l'admission des industriels à l'électorat, l'autre par la déclaration de l'indépendance de la morale à l'égard des idées religieuses.

Ces deux mesures ont complété la série des efforts que les éléments du nouveau système ont faits depuis le XIe siècle, vers leur constitution définitive.

Si les communes n'ont point encore profité de ces moyens, ils n'en existent pas moins, toujours prêts à être employés aussitôt que les communes auront pris la résolution de s'occuper de la formation du nouveau système social.

Or, il est évident que cette volonté ne peut

guère tarder à se prononcer dans les savants, les artistes et les artisans, chacun pour la portion qui les concerne. Elle se manifestera nécessairement quand ils se seront une fois bien convaincus qu'il n'existe plus aujourd'hui d'autre obstacle réel à la formation directe du nouveau système, que le manque de résolution et d'activité de leur part. Ils sentiront facilement que les choses étant amenées au point où elles sont aujourd'hui, ils ne peuvent se dispenser d'entrer en action politique.

Tant qu'il a existé des voies à aplanir, des obstacles à écarter, les artistes, les savants et les artisans ont dû se tenir en dehors de la politique; ils ont dû laisser l'initiative à leurs alliés de l'ancien système, dont cette destination était le rôle naturel, depuis que la décadence de ce système a commencé à être clairement irrévocable. Mais actuellement que le travail pour l'organisation du nouveau système est devenu possible, les communes ne peuvent manquer de sentir promptement que cette dernière partie de leur tâche ne saurait être remplie par d'autres que par elles.

Il serait absurde que les communes continuassent à se reposer du soin d'organiser définitivement le nouveau système sur les chefs constitués par l'ancienne organisation sociale; car ces chefs n'ont pas et ne sauraient avoir les capacités nécessaires pour effectuer ce travail, quand même ils en auraient la volonté, ce qu'il serait déraisonnable d'exiger de leur part.

L'enfant élevé par un vieillard a dû laisser celui-ci faciliter son développement et lui préparer les voies; mais aussitôt qu'il touche à sa majorité, il y aurait folie de sa part à continuer de se reposer sur le vieillard, devenu caduc, du soin de penser et d'agir pour sa propre carrière future; de ce moment, il doit penser et agir par lui-même, et marcher directement au but qu'il se propose.

J'ai achevé de fixer avec précision, par ce qui précède, le véritable état présent du nouveau système social. Je suis parvenu à constater que l'organisation de ce système en est aujourd'hui au point qu'il ne manque plus pour la terminer qu'une volonté suffisante de mettre la main à l'œuvre, chez les artistes, chez les savants et chez les artisans, volonté qui ne peut tarder à se prononcer chez eux, puisqu'ils y sont évidemment intéressés au plus haut degré, sous tous les rapports, et de la manière la plus directe possible.

Ce résultat final de toutes mes observations, sur la marche de la civilisation depuis le XIe siècle, sera trouvé, j'ose le dire avec confiance, de plus en plus exact à mesure qu'il sera examiné davantage.

En partant de ces données, nous sommes en état maintenant de répondre à la question que j'ai posée au commencement de cette livraison, et de décider si la constitution, dont j'ai présenté les bases dans la première livraison, est ou n'est pas une utopie.

Dans l'histoire de l'esprit humain, les générations et les hommes, qui ont été appelés par la marche générale des choses à faire les résumés importants, ont toujours eu, aux yeux des contemporains et même de la postérité, le caractère créateur. Ainsi, par exemple, Luther a fait le résumé de Jean Huss, de Wicleff, des Vaudois, etc., et nous le voyons d'ordinaire comme ayant inventé la réforme. De même, dans les sciences, on voit, par exemple, Leibnitz, pour la découverte du calcul infinitésimal, faire le résumé de Fermat, de Descartes, de Cavalieri, etc.: et il nous semble cependant avoir créé en totalité ce que la marche de l'esprit humain avait presque entièrement préparé. On peut faire la même observation relativement à tous les progrès importants qui ont eu lieu dans toutes les directions, soit particulières, soit générales.

La génération ou l'homme qui a mis la dernière main aux perfectionnements, a été constamment regardé comme ayant créé l'ensemble; personne n'éprouve de difficulté à se rendre compte d'une pareille sensation: elle est naturelle et inévitable, jusqu'à un certain point. Elle est l'effet d'un premier jugement.

Il arrive la même chose aujourd'hui relativement au projet de constitution dont j'ai tracé l'esquisse dans la première livraison. Ce projet se présente comme une conception absolument neuve, hors de tout rapport avec ce qui a existé jusqu'à ce jour, tandis qu'il n'est au fond que la conséquence la plus directe et la plus nécessaire de tous les progrès de la civilisation, particulièrement depuis le XIe siècle.

On ne crée point un système d'organisation sociale, on aperçoit le nouvel enchaînement d'idées et d'intérêts qui s'est formé, et on le montre, voilà tout. Un système social est un fait, ou il n'est rien. Ce n'est pas moi qui ai formé le projet de constitution dont j'ai exposé les bases ; c'est la masse de la population européenne qui a travaillé à le former, pendant les huit siècles qui ont précédé celui-ci ; si tout le monde ne l'a pas encore aperçu, c'est qu'il se trouve caché par le frontispice de l'ancien édifice social qui est encore subsistant.

Tout ce que je demande pour mon travail, c'est qu'on veuille bien examiner :

1° Si la récapitulation que j'ai présentée de la marche de la civilisation depuis huit cents ans, est fondée sur des observations exactes et convenablement coordonnées ;

2° Si le projet dont il s'agit est conforme à cette récapitulation.

Si la récapitulation n'est pas exacte, ou si le projet n'en est pas la conséquence immédiate, il faut refaire la récapitulation ou refaire le projet, jusqu'à ce qu'on soit tombé d'accord sur une bonne récapitulation et sur un projet qui y soit conforme.

Mais voilà tout : l'examen de ce plan de constitution ne peut porter que sur ces deux points fondamentaux.

Toute critique en dehors de ce cercle est,

j'ose le dire, incompétente; car il est pleinement démontré que cette manière de juger est la seule philosophique.

Quelle que soit réellement la bonté ou l'imperfection du travail que je soumets au public, il doit rester toujours vrai, en thèse générale, que le plan d'organisation sociale, convenable à l'état présent des lumières, doit être entièrement fondé sur l'observation philosophique de la marche de la civilisation dans les siècles précédents. Rien ne saurait ébranler cette vérité politique fondamentale.

Pour juger le projet de constitution proposé, dans l'esprit que je viens d'indiquer, il faut le décomposer en trois parties, qui sont chacune d'une nature distincte.

La première, qui est la plus essentielle, l'idée mère du projet, consiste dans le principe que l'ordre social doit aujourd'hui avoir pour objet unique, direct et permanent, l'action des hommes sur les choses, et que l'administration des intérêts généraux de la société doit être exclusivement confiée aux artistes, aux savants et aux artisans, seuls possesseurs des capacités positives qui sont les éléments de l'action administrative utile.

La seconde partie, dans l'ordre d'importance,

est le mode proposé pour la combinaison des trois capacités positives.

La troisième, enfin, consiste dans la mesure présentée pour opérer la transition directe de l'ancien système au nouveau, sans que personne se trouve lésé.

Tel est l'ordre dans lequel le projet de constitution doit être examiné.

La première partie est la seule qui ait le caractère historique ; elle doit être jugée uniquement par sa conformité ou son opposition avec la récapitulation que j'ai présentée de la marche de la civilisation depuis le XIe siècle. Or, si cette récapitulation est juste, je crois qu'il est démontré (autant qu'une proposition puisse l'être dans un premier aperçu), que l'espèce humaine a toujours tendu de plus en plus, jusqu'à présent, à s'organiser pour travailler à sa prospérité par son action sur la nature, et que les savants, les artistes et les artisans ont toujours tendu de plus en plus à posséder le premier degré de considération et d'influence sociale ; en un mot, à s'emparer exclusivement de la direction générale de la société. Je crois, enfin, qu'il est également démontré que ce nouveau système d'ordre social se trouve aujourd'hui assez développé pour qu'il ne reste plus qu'à y mettre la dernière main.

Si l'idée mère du projet est une fois admise, on reconnaîtra, je pense, que la justesse de la seconde partie en est une conséquence nécessaire. C'est au raisonnement seul à en juger.

S'il est une fois admis que les savants, les artistes et les artisans doivent diriger l'ensemble de la société pour tendre à exercer sur les choses l'action la plus utile possible, on s'apercevra sans doute, que la division du suprême pouvoir social en trois pouvoirs, dont l'un ait pour mission spéciale de former les plans d'action, un autre d'examiner ces plans, et le troisième de les mettre à exécution, est fondée sur la nature même de l'esprit humain, qui, dans toutes les circonstances où il n'est point troublé par quelque passion, commence par imaginer, examine ce qu'il a imaginé, et finit par mettre en exécution ce qui lui paraît avantageux et praticable.

Du reste, cette partie du projet pourrait être erronée sans que la première dût en souffrir. Il y aurait seulement un meilleur mode de combinaison à chercher, si celui-ci était reconnu vicieux, et l'esprit général du système n'en serait pas moins intact.

Enfin, la troisième partie n'est jugeable qu'autant que les deux autres ont été admises. Il serait, en effet, très-inutile de chercher le meilleur moyen de transition vers le nouveau système, si ce système était démontré vicieux.

Quant au moyen que j'ai proposé, je crois qu'étant fondé sur le principe de l'indemnité pour les intérêts lésés, il est aussi bon qu'il puisse l'être, sauf les détails de son application, dont je ne peux ni ne dois m'occuper.

La bonté de ce principe paraîtra sans doute incontestable, si l'on considère qu'elle a été vérifiée par la double expérience du succès que les communes ont toujours obtenu en l'appliquant à propos, et des malheurs qu'elles se sont attirés quand elles ont voulu s'en écarter.

La nécessité de suivre dans le jugement du projet proposé l'analyse que je viens de tracer sera facilement sentie par tout esprit juste; si on s'écarte de cette analyse, ou si l'on veut discuter les trois parties dans un autre ordre que celui indiqué, il est absolument impossible de se former sur ce projet une opinion positive, soit favorable, soit défavorable.

Ayant ainsi exposé au public, et les premiers matériaux du jugement, et la marche à suivre pour juger, je dois attendre sa décision, en travaillant à développer les idées dont je n'ai présenté qu'un aperçu et à préparer de nouveaux éclaircissements.

ONZIÈME LETTRE.

Toutes les questions traitées dans cette livraison se rapportent à cette question générale : Qu'aurions-nous dû faire à l'origine de notre réforme politique, en 1789 ? Dans l'ordre naturel des idées, je devrais maintenant examiner ce qui a été fait réellement depuis cette époque, afin de comparer la marche que nous avons suivie à celle que le développement de la civilisation nous prescrivait, et de fixer nettement par cette comparaison l'état réel des choses dans le moment actuel, ainsi que ce qui nous reste à faire aujourd'hui. Mais la gravité des circonstances présentes, l'importance des questions proposées par le ministère à la discussion des Chambres, m'obligent à intervertir momentanément cet ordre naturel. L'opinion que je présenterai sur ces mesures, étant fondée sur une théorie générale de l'organisation sociale, j'ai cru qu'elle avait besoin d'être préparée par une exposition raisonnée des principes fondamentaux de cette théorie. C'est ce qui me détermine à placer dans cette livraison le *second extrait* suivant, qui était naturellement destiné à une livraison postérieure.

DEUXIÈME EXTRAIT

DE MON OUVRAGE SUR LA THÉORIE DE L'ORGANISATION SOCIALE.

« Les gouvernants ont considéré jusqu'ici les nations comme des patrimoines; toutes leurs combinaisons politiques ont eu essentiellement pour objet, ou d'exploiter ces domaines, ou de les agrandir. Celles même de ces combinaisons qui se sont trouvées profitables aux gouvernés n'ont réellement été conçues par les gouvernants que comme des moyens de rendre leur propriété, ou plus productive, ou plus solide. Les avantages qui en sont résultés ont été envisagés, même par les peuples, non comme des devoirs, mais comme des bienfaits des gouvernants.

« Cet ordre de choses a, sans doute, éprouvé successivement de grandes modifications; mais il n'a éprouvé que des modifications, c'est-à-dire que le progrès des lumières a toujours diminué de plus en plus l'action gouvernante, mais qu'il n'en a point encore changé la nature. Telle qu'elle existe aujourd'hui parmi nous, cette action s'exerce moins librement et dans un cercle moins étendu, mais elle conserve le même caractère. L'ancien principe que les rois sont, de droit divin, propriétaires-nés de leurs peuples, est encore admis, au moins en théorie, comme le principe fondamental; la preuve en est que toute tentative pour le réfuter est traitée par la loi comme un attentat à l'ordre social.

« D'un autre côté, néanmoins, un nouveau principe général de politique a été posé par les gouvernés. Il a été reconnu que les gouvernants ne sont que les administrateurs de la société, qu'ils doivent la diriger conformément aux intérêts et aux volontés des gouvernés, et qu'en un mot le bonheur des nations est le but unique et exclusif de l'organisation sociale. Ce principe a été adopté par les gouvernants, ou, du moins, il a déjà été admis par eux en concurrence avec l'ancien principe ; c'est-à-dire, que les gouvernants ont reconnu qu'ils devaient administrer dans ce sens, en se regardant toutefois comme les administrateurs-nés. On peut considérer le nouveau principe comme constitué, puisque l'un des trois pouvoirs parlementaires (la Chambre des communes) a pour fonctions constitutionnelles de le défendre et de le faire valoir.

« L'établissement de ce principe est, sans contredit, un pas tout à fait capital vers l'organisation d'un nouveau système politique; mais, néanmoins, ce principe ne peut avoir, dans son état actuel, aucune conséquence vraiment importante. On ne peut point se dissimuler qu'il n'a été jusqu'à présent, qu'il n'est encore que principe modificateur, et non principe dirigeant. Cela tient à ce qu'il est beaucoup trop vague pour qu'il puisse devenir effectivement la base et le point de départ d'un nouvel ordre social. Il ne prendra nettement ce caractère que lorsqu'il aura été précisé, ou, pour mieux dire, complété. Voilà ce que nous allons entreprendre de développer et de prouver.

« Dans l'état présent des choses, il est admis que le devoir perpétuel et unique des gouvernements est de travailler au bonheur de la société. Mais quels sont les moyens de bonheur pour la société? C'est sur quoi l'opinion publique ne s'est nullement prononcée jusqu'à ce jour. Peut-être même n'existe-t-il pas sur ce point une seule idée fixe et généralement reçue. Qu'en résulte-t-il? que la direction générale de la société est, de toute nécessité, entièrement abandonnée à la décision arbitraire des gouvernants. Leur dire: « *Rendez-nous heureux,* » sans leur prescrire par quels moyens, c'est leur laisser forcément la fonction d'imaginer ce qu'ils doivent faire pour notre bonheur, en même temps que celle de l'exécuter ; c'est, par conséquent, nous mettre de nous-mêmes à leur discrétion aussi complétement qu'il est possible. Dès lors, si nos chefs sont ambitieux, ils nous organiseront pour la conquête ou pour le monopole. S'ils ont le goût du faste, ils chercheront à nous rendre heureux en se bâtissant de beaux palais et en donnant des fêtes magnifiques. Sont-ils dévots, ils nous organisent pour obtenir le paradis, etc.; car les gouvernants sont très-portés, par un effet naturel de leur position, à prendre sincèrement ce qui satisfait leurs passions ou leurs goûts dominants, pour ce qu'il y a de plus avantageux aux nations[1]. Supposez même que les gouvernants se soient élevés jusqu'à vouloir se faire un plan régulier d'administration, ce à quoi l'organisation parlementaire les pousse jusqu'à un certain point : attendu que les seules combinaisons dont les gouvernants se soient montrés capables jusqu'à présent (et cela *sous toutes les formes de gouvernement*) se réduisent toujours à celle de la force avec la ruse, c'est par la force et par la ruse qu'ils se proposeront de faire prospérer la société.

« Sans entrer dans des considérations plus détaillées, toute personne qui réfléchira un instant sur ce sujet sera persuadée que, tant que la société se bornera à ordonner vaguement à ses gouvernants de la rendre heureuse, sans avoir arrêté ses idées sur les moyens généraux de prospérité pour elle, l'arbitraire régnera nécessairement sous le rapport le plus général et le plus essentiel, puisque les gouvernants se trouveront cumuler avec leur fonction naturelle de guider la société dans une direction donnée, celle, bien autrement importante, de déterminer

1. On se rappelle le mot de Louis XIV à Mme de Maintenon, qui l'exhortait à faire des aumônes : « Un roi fait l'aumône en dépensant beaucoup. »

la direction[1]. Il s'ensuit donc que l'objet capital des travaux des publicistes doit être aujourd'hui de fixer les idées sur la direction de prospérité que la société doit prendre, et de la déterminer à prendre cette direction.

« Or, demandons-nous maintenant, quels sont les moyens généraux de bonheur pour la société? Nous ne craignons pas de l'avancer hardiment, et tout homme sensé en établira facilement la preuve, il n'y en a pas d'autres que les sciences, les beaux-arts et les arts-et-métiers; car les hommes ne peuvent être heureux que par la satisfaction de leurs besoins physiques et de leurs besoins moraux, ce qui est le but unique et l'objet plus ou moins direct des sciences, des beaux-arts et des arts-et-métiers. C'est à ces trois directions, et à elles seules, que se rapportent tous les travaux vraiment utiles à la société :

1. Qu'on s'étonne après cela que l'arbitraire ne soit pas anéanti! Il est évident qu'on ne doit pas s'en prendre uniquement aux gouvernants, puisque, en les supposant même animés des meilleures intentions, l'arbitraire a dû toujours subsister, tant que la société ne s'est pas donné un but positif d'association. Il est, de plus, évident que ce n'est point en changeant la forme de gouvernement qu'il est possible de faire disparaître l'arbitraire, puisque tout ce que nous avons dit est indépendant de la forme des gouvernements, et s'applique également à toutes.

hors de là, on ne trouve que les parasites et les dominateurs. Dans tout ce qu'on a entrepris jusqu'à présent, et dans tout ce qu'on pourra jamais entreprendre pour le bonheur des hommes, il n'y a jamais eu et il n'y aura jamais d'utile à l'amélioration de leur sort que ce qui tend, soit directement, soit indirectement, à appliquer, à répandre ou à perfectionner les connaissances acquises dans les sciences, dans les beaux-arts et dans les arts-et-métiers. On ne saurait trop le répéter, il n'y a d'action utile exercée par l'homme que celle de l'homme sur les choses. L'action de l'homme sur l'homme est toujours, en elle-même, nuisible à l'espèce, par la double destruction de forces qu'elle entraîne; elle ne devient utile qu'autant qu'elle est secondaire et lorsqu'elle concourt à exercer une plus grande action sur la nature.

« Certes, nous sommes loin de prétendre que, *dans l'état actuel des choses*, il n'y ait d'hommes utiles que les savants, les artistes et les artisans, et de travaux utiles que les leurs. Car, à la manière dont la société est encore constituée, ces trois classes étant dominées par les parasites, tous les hommes qui, sans appartenir à aucune de ces classes, s'occupent de les débarrasser de cette domination, exercent une action non-seulement très-utile, mais même absolument indispensable. Leur influence, quoique indirecte, est sans contredit avantageuse aux sciences, aux beaux-arts et aux arts-et-métiers. Mais qui ne voit que l'utilité de cet ordre de travaux est, pour ainsi dire, de circonstance, et qu'elle doit cesser avec le fait (nécessairement passager) sur lequel elle est fondée? D'ailleurs on ne peut point organiser la société sur une base critique; et, comme ce que nous cherchons ici c'est un principe susceptible de servir de base à un nouveau système social, nous devons faire abstraction totale de tout ce qui se rapporte à la transition.

« Ainsi, nous croyons pouvoir poser en principe que, dans le nouvel ordre politique, l'organisation sociale doit avoir pour objet unique et permanent d'appliquer le mieux possible à la satisfaction des besoins de l'homme les connaissances acquises dans les sciences, dans les beaux-arts et dans les arts-et-métiers; de répandre ces connaissances, de les perfectionner et de les accroître le plus possible : en un mot, de combiner le plus utilement possible tous les travaux particuliers dans les sciences, dans les beaux-arts et dans les arts-et-métiers.

« Ce n'est point ici le lieu de représenter en détail à quel étonnant degré de prospérité la société pourrait prétendre avec une telle organisation; il est d'ailleurs facile de se l'imaginer; et nous nous bornerons à l'indiquer par la considération suivante.

« Jusqu'à présent, les hommes n'ont exercé, pour ainsi dire, sur la nature que des efforts purement individuels et isolés. Il y a plus: leurs forces se sont toujours entre-détruites en très-grande partie, puisque l'espèce humaine a été jusqu'à présent divisée en deux fractions inégales, dont la plus petite a constamment employé toutes ses forces, et souvent même une portion de celles de la plus grande, à dominer celle-ci; tandis que cette dernière a consumé une partie considérable des siennes à repousser la domination. Il est certain néanmoins que, malgré cette énorme perte de forces, l'espèce humaine est parvenue, dans les pays les plus civilisés, à un degré assez remarquable d'aisance et de prospérité. Qu'on juge, d'après cela, à quel point elle atteindrait s'il n'y avait presque aucune force perdue, si les hommes, cessant de se commander les uns aux autres, s'organisaient pour exercer sur la nature des efforts combinés, et si les nations suivaient entre elles le même système !

« Nous avons essayé tout à l'heure de faire sentir la nécessité pour la société de se donner un but positif d'organisation, autre que le but vague de bonheur. Maintenant que nous avons fixé ce but, nous pouvons nous faire de cette nécessité une idée bien plus exacte. Il suffit pour cela de comparer ce que doit être le système social dans les deux suppositions d'un but vague et du but positif que nous avons déterminé. Le parallèle fera ressortir, sous un nouveau point de vue, l'importance du principe que nous avons proposé.

« Qu'on se représente une nombreuse caravane, disant à ses conducteurs : *Menez-nous où nous serons le mieux.* Dès ce moment les conducteurs sont tout, la caravane n'est rien ; elle ne marche plus qu'en aveugle ; car pour qu'un voyage de cette nature puisse avoir lieu, seulement pendant vingt-quatre heures, il faut que la caravane accorde à ses chefs une confiance illimitée, une obéissance tout à fait passive. Elle est donc entièrement à la merci de leur mauvaise foi et de leur ignorance. Elle ne peut plus se réserver d'autre droit que celui de déclarer que tel désert où on l'aura menée ne lui convient pas, et qu'il faut la conduire ailleurs ; mais ce droit ne peut guère lui servir qu'à faire, à ses dépens, une série d'expériences qui lui seront toujours inutiles, tant qu'elle laissera à ses guides à déterminer le but du voyage.

« Supposons, au contraire, que la caravane dise à ses conducteurs : *Vous savez le chemin de La Mecque, menez-nous-y.* Dans ce nouvel état de choses, les conducteurs ne sont plus des chefs, ils ne sont que des guides ; leurs fonctions, quoique très-importantes, ne sont que subalternes ; l'action principale est partie de la caravane. Chaque voyageur conserve le droit de faire, toutes les fois qu'il le juge convenable, des observations critiques sur la route que l'on tient, et de proposer, suivant ses lumières, les modifications qu'il croit utiles. Comme la discussion ne peut jamais rouler que sur une question très-positive et très-jugeable (*nous éloignons-nous ou nous rapprochons-nous de La Mecque?*), ce n'est plus à la volonté des guides que la caravane obéit (en la supposant un peu éclairée), c'est *à sa propre conviction*, résultant des démonstrations qui lui ont été présentées.

« La première supposition est l'image de la société, enjoignant vaguement à ceux qui la dirigent de faire son bonheur; la seconde correspond à la société, organisée pour travailler à accroître sa prospérité, par les sciences, les beaux-arts et les arts-et-métiers. On peut même dire que l'énorme différence qui existe entre les deux états de la caravane, ne donne qu'une idée imparfaite de celle qu'il y a entre ces deux systèmes sociaux. Leur opposition nous semble fidèlement rendue par ce peu de mots : Dans l'ancien système, la société est essentiellement gouvernée par des hommes; dans le nouveau, elle n'est plus gouvernée que par des principes. Nous avons déjà suffisamment établi plus haut la première partie de cette assertion; occupons-nous de la seconde.

« Dans une société organisée pour le but positif de travailler à sa prospérité par les sciences, les beaux-arts et les arts-et-métiers, l'acte politique le plus important, celui qui consiste à fixer la direction dans laquelle la société doit marcher, n'appartient plus aux hommes investis des fonctions sociales, il est exercé par le corps social lui-même; c'est de cette manière que la société, prise collectivement, peut réellement exercer la souveraineté, souveraineté qui ne consiste point alors dans une opinion arbitraire érigée en loi par la masse, mais dans un principe dérivé de la nature même des choses, et dont les hommes n'ont fait que reconnaître la justesse et proclamer la nécessité. Dans un tel ordre de choses, les citoyens chargés des différentes fonctions sociales, même des plus élevées, ne remplissent, sous un certain point de vue, que des rôles subalternes, puisque leurs fonctions, de quelque importance qu'elles soient, ne consistent plus qu'à marcher dans une direction qui n'a pas été choisie par eux. De plus, le but et l'objet d'une telle organisation sont si clairs, si déterminés, qu'il n'y a plus de place pour l'arbitraire des hommes, ni même pour celui des lois, parce que l'un et l'autre ne peuvent s'exercer que dans le vague qui est, pour ainsi dire, leur élément naturel. L'action de gouverner est nulle alors, ou presque nulle, en tant que signifiant action de commander. Toutes les questions qui doivent s'agiter dans un pareil système politique: Quelles sont les entreprises par lesquelles la société peut accroître sa prospérité actuelle, à l'aide des connaissances qu'elle possède présentement dans les sciences, dans les beaux-arts et dans les arts-et-métiers? Quelles sont les mesures à prendre pour répandre ces connaissances et pour les perfectionner autant que possible? Enfin, par quels moyens ces différentes entreprises peuvent-elles s'exécuter avec le moins de frais, et dans le moins de temps possible? Ces questions, disons-nous, et toutes celles qu'elles peuvent engendrer, sont éminemment positives et jugeables; les décisions ne peuvent être que le résultat de démonstrations scientifiques, absolument indépendantes de toute volonté humaine, et susceptibles d'être discutées par tous ceux qui auront le degré d'instruction suffisant pour les entendre. En outre, par cela seul que, dans un tel système, toutes les fonctions sociales ont un caractère positif et un objet bien déterminé, la capacité nécessaire pour les remplir est si évidente, si facile à constater, qu'il ne saurait y avoir jamais d'indécision à ce sujet, et que chaque citoyen doit tendre naturellement à se renfermer dans le rôle auquel il est le plus propre. Et de même alors que toute question d'intérêt social sera nécessairement décidée aussi bien qu'elle peut l'être avec les connaissances actuellement acquises, de même toutes les fonctions sociales seront nécessairement confiées aux hommes les plus capables[1] de les remplir conformément au but général de l'association. Ainsi, dans cet ordre de choses, on verra disparaître à la fois les trois principaux inconvénients du système politique actuel, l'arbitraire, l'incapacité et l'intrigue.

« Si dans l'exposé sommaire que nous avons fait du but que doit prendre désormais l'organisation sociale, nous n'avons pas compris le maintien de l'ordre; c'est parce que le maintien de l'ordre est bien une condition fondamentale, pour que la société puisse se livrer à une entreprise quelconque, mais ne saurait être regardé

1. Il existe bien dans ce moment un principe en circulation, consistant en ce que les places doivent être confiées aux hommes les plus capables; mais ce principe n'a rien de commun avec celui que nous essayons d'établir. La capacité dont ceux qui appuient ce principe soutiennent les droits, est la capacité pour la force et pour la ruse. Or, non-seulement ce n'est point de celle-là qu'il est ici question; mais nous sommes de plus intimement persuadé qu'il serait très-fâcheux que cette capacité fût investie des pouvoirs politiques existants, puisque le résultat nécessaire de cet avénement serait de prolonger, au delà de son terme naturel, la durée d'un système social défectueux. L'incapacité actuelle est très-préférable à cette capacité-là.

comme le but de la société. L'opinion que le système politique doit avoir uniquement et exclusivement pour objet de maintenir l'ordre, opinion conçue et accréditée par des hommes très-estimables, est fondée sur ce que, dans l'état actuel des choses, les gouvernements n'ont en effet d'autre utilité réelle que d'assurer plus ou moins bien la tranquillité et la sécurité de tous les travaux particuliers. On a reconnu que presque toutes les mesures par lesquelles ils ont prétendu influer sur la prospérité sociale, n'ont eu d'autre résultat effectif que de lui faire tort ; et de ce fait on a conclu l'adage que ce que les gouvernements peuvent faire de mieux pour le bonheur de la société, c'est de ne pas s'en mêler. Mais cette manière de voir, qui est juste quand on ne la considère que par rapport au système politique existant, est évidemment fausse quand on l'adopte dans un sens absolu ; elle ne peut subsister ainsi qu'autant qu'on ne s'est pas élevé à l'idée d'un autre système politique.

« Les fonctions qui ont spécialement pour objet le maintien de l'ordre, ne seront donc plus classées, dans la nouvelle organisation sociale, que suivant leur rang naturel, c'est-à-dire, comme des fonctions subalternes et de police : car, il est évident qu'elles ne peuvent être fonctions principales qu'autant que l'association n'a pas de but ; du moment qu'elle en a un quelconque, même vicieux, elles deviennent secondaires. Or, observons maintenant que cette portion de l'action sociale est la seule dans le nouveau système qui exige un certain degré de commandement des hommes à l'égard les uns des autres, puisque tout le reste, comme nous l'avons expliqué, est l'action des principes. Il suit de là que l'action de gouverner proprement dite sera restreinte alors le plus possible. Les hommes jouiront, par conséquent, dans cet ordre de choses, du plus haut degré de liberté qui soit compatible avec l'état de société. Il faut même remarquer que cette fonction de maintenir l'ordre peut alors aisément devenir, presque en totalité, une charge commune à tous les citoyens, soit pour contenir les perturbateurs, soit pour décider les contestations. Ainsi, la portion de pouvoir qu'il suffira d'accorder aux hommes chargés spécialement de cet objet, pourra être excessivement faible, et sera d'autant moins redoutable pour la liberté, que ces hommes ne seront classés que comme subalternes. Il faut un très-grand appareil de gouvernement pour maintenir l'ordre, lorsque le système politique ne tend point clairement à la prospérité sociale, parce qu'alors on est obligé de considérer la masse comme ennemie de l'ordre établi. Mais lorsque chacun aperçoit nettement le but d'amélioration vers lequel on marche, et les pas successifs qui en rapprochent, la masse de la population exerce une force passive qui suffit presque seule pour contenir une minorité antisociale.

« Nous ne pouvons mieux représenter l'opposition qui doit exister entre les deux systèmes, sous le rapport que nous venons de considérer, qu'en employant la comparaison suivante, que nous puisons dans des faits réels et connus.

« L'École polytechnique est l'établissement d'instruction de l'ordre le plus élevé qui ait jamais été organisé. Lorsqu'il fut question de la créer, ses fondateurs s'occupèrent, d'une part, de former un plan d'instruction propre à faire acquérir à la masse des élèves le plus de connaissances, et les connaissances les plus importantes possible, dans le moins de temps possible; et, d'une autre part, de faire accepter aux hommes les plus capables les fonctions de l'enseignement. Ces deux conditions une fois remplies, ils regardèrent leur tâche comme terminée ; l'établissement était fondé. Considérant néanmoins que la nature de cet établissement donnait lieu à quelques affaires administratives, ils répartirent cette besogne secondaire entre les différents professeurs, qui se réunissaient quelquefois en conseil d'administration. Enfin, persuadés qu'il était nécessaire de maintenir un certain ordre dans cette nombreuse réunion de jeunes gens pour qu'ils retirassent de l'enseignement tout le fruit possible, ils chargèrent de ce soin un fonctionnaire estimable, qui n'avait point assez de capacité pour être professeur, et qui ne se classait lui-même que comme un subalterne. On sait combien l'établissement prospéra.

« Bonaparte survient, il trouve cette organisation beaucoup trop simple ; et, pour y mettre un peu du sien, il veut lui donner ce qu'il appelle de la dignité et de l'importance. Que fait-il ? Il superpose à l'établissement un gouverneur pris parmi ses courtisans, un sous-gouverneur colonel, et un directeur, ayant chacun quelques sous-ordres, et chargés uniquement à eux tous du maintien de la discipline ; il supprime le conseil d'administration, et il met à la place un administrateur en chef, assisté de plusieurs employés de différents grades. C'est toute cette collection de gens inutiles et de gens incapables qui figure en première ligne, qui est regardée comme l'âme de l'institution, qui obtient le premier degré de considération, qui éclipse les professeurs. L'ordre primitif et naturel est totalement interverti : la partie subalterne de l'établissement en devient la tête, et les fonctions vraiment importantes ne sont plus classées qu'en seconde ligne. Il n'est pas nécessaire d'ajouter que cette nouvelle organisation, qui subsiste encore, est infiniment plus dispendieuse que l'ancienne, et que ce sont précisément les fonctionnaires les plus inutiles et les plus incapables qui coûtent le plus cher.

« La comparaison que nous venons d'établir, agrandie, étendue par la pensée à toutes les parties de l'ordre social, fera évaluer à sa juste valeur la supériorité du nouveau système politique sur l'ancien.

« Nous nous flattons d'avoir prouvé suffisamment, par ce qui précède, que la seule chose vraiment importante qui puisse être faite aujourd'hui pour le perfectionnement de l'état social, consiste à déterminer l'opinion publique à prononcer fortement son vœu pour l'organisation d'un système politique ayant pour objet de travailler à la prospérité sociale par les sciences, les beaux-arts et les arts-et-métiers. Nous ne croyons pas devoir nous borner à cette démonstration. Nous regarderions notre tâche comme n'étant qu'à moitié remplie, si nous n'avions pas établi, de plus, que ce système politique est, abstraction faite de ses avantages, celui qui doit naturellement se constituer aujourd'hui, par la seule marche des choses, et par la loi des progrès de l'esprit humain. Ce sera l'objet de la seconde partie de cet extrait. »

APPENDICE

« Nous croyons devoir ajouter aux démonstrations contenues dans l'article précédent, quelques considérations d'un ordre moins élevé, mais par cela même plus faciles à sentir, et tendant spécialement à prouver que les hommes seront gouvernés le moins possible, et au meilleur marché possible, quand leurs affaires politiques seront exclusivement confiées aux savants, aux artistes et aux artisans[1]; ce qui serait le résultat du nouvel ordre de choses dont nous avons essayé tout à l'heure d'esquisser les principaux traits. Les preuves que nous allons présenter nous paraissent devoir intéresser nos lecteurs, parce qu'elles sont déduites de faits très-simples et connus de tout le monde, parce qu'elles résultent de la simple exposition de ces faits.

« 1° Les affaires publiques seront administrées au meilleur marché possible quand elles seront dirigées par les savants, les artistes et les artisans, car les savants, les artistes et les artisans sont les hommes les moins ambitieux de richesses;

1. Il se pourrait bien que, malgré nos explications formelles, nous fussions accusé, sur la phrase précédente, de vouloir faire en faveur des savants, des artistes et des artisans, une révolution de la nature de celles qui se sont faites en France depuis 1792, c'est-à-dire, n'ayant d'autre objet que de transporter ou de répartir en d'autres mains la domination existante. Nous renvoyons ceux qui seraient tentés de nous supposer une telle pensée à la livraison précédente ; ils y verront que ce ne sont pas les pouvoirs politiques actuels qu'il s'agit de confier aux savants, aux artistes et aux artisans : ces trois classes d'hommes sont précisément les moins propres de toutes à l'ordre de combinaisons politiques qui se fait aujourd'hui. Les pouvoirs dont nous avons voulu parler sont, comme nous l'avons établi, d'une nature entièrement différente et même opposée ; ils correspondent à un système social très-distinct de celui qui existe encore.

ils ne désirent, en général, que la quantité d'argent nécessaire pour la satisfaction modérée de leurs besoins, par la raison qu'une fortune considérable ne leur est point indispensable, et leur est même assez inutile pour obtenir une grande considération. De plus, ils seront encore moins avides d'argent quand ils se trouveront investis exclusivement des fonctions sociales, puisqu'ils surpasseront alors en considération les hommes les plus riches.

« Il y a deux autres raisons pour que les savants, les artistes et les artisans, soient moins ambitieux d'obtenir de la fortune que les autres citoyens. La première, c'est que leur temps étant occupé presqu'en totalité par les travaux nécessaires pour perfectionner leurs talents et pour les faire connaître, il leur en reste fort peu à consacrer aux démarches nécessaires pour s'enrichir. La seconde, c'est que leurs travaux ne leur laissent pas non plus le temps nécessaire pour se livrer aux jouissances qu'une fortune considérable peut procurer : il faut beaucoup de travail et beaucoup de temps pour dépenser beaucoup d'argent, en jouissances personnelles, d'une manière qui ne soit pas tout à fait extravagante.

« Enfin, nous croyons devoir remarquer qu'il y a deux sortes de fortunes. Les unes qui, en général, résultent d'opérations hasardeuses, ou d'agiotages, soit avec le gouvernement, soit avec les particuliers, et qui sont, par conséquent, une sorte de pillage : celles-là sont toujours acquises avec l'intention de se procurer des jouissances personnelles. Les véritables savants, les véritables artistes et les véritables artisans ne peuvent jamais devenir possesseurs de fortunes de ce genre. Une autre espèce de fortunes, et qui sont acquises avec l'intention d'en faire un tout autre emploi, résultent de découvertes importantes dans les sciences, dans les beaux-arts et dans les arts-et-métiers, ou bien elles sont le fruit de travaux opiniâtres et d'une sévère économie. Elles sont toujours employées au perfectionnement des sciences, des beaux-arts et des arts-et-métiers. Les fortunes de ce genre, qui sont ordinairement les seules désirées par les savants, les artistes et les artisans, ne sont jamais acquises aux dépens des individus ni de la nation, et elles tournent constamment au profit de la masse entière de la société.

« 2° Les savants, les artistes et les artisans, sont les hommes qui gouverneraient le moins la société s'ils étaient chargés de la direction de ses affaires générales ; car, dans toutes les entreprises quelconques de sciences, de beaux-arts et d'arts-et-métiers, conçues et exécutées par des savants, des artistes et des artisans, l'action de gouverner est considérée comme subalterne, et elle est toujours confiée à des sous-ordres.

« Qu'on examine la manière dont se sont exécutés les travaux d'une utilité générale pour l'espèce humaine, tels que ceux, par exemple, qui ont eu pour objet de mesurer le globe terrestre ; qu'on observe comment sont dirigés tous les travaux entrepris, non-seulement en France, mais chez toutes les nations, pour perfectionner les sciences, les beaux-arts et les arts-et-métiers, on sera étonné de voir combien les directeurs de tous ces travaux gouvernent peu ceux qui concourent à leur exécution. Qu'on passe successivement en revue l'organisation de l'Institut, du Muséum d'histoire naturelle, de l'École de médecine, des Écoles de peinture et de sculpture, du Conservatoire des arts-et-métiers, et des écoles qui en dépendent, et chacun de ces examens particuliers mettra en évidence ces deux grandes et fécondes vérités :

« Les travaux les plus utiles à la société sont

précisément, de tous, ceux qui lui coûtent le moins.

« Ces travaux sont ceux dans lesquels les chefs gouvernent le moins leurs subordonnés.

« Enfin, nous citerons, pour exemple, l'administration industrielle qui, par sa nature, semble devoir provoquer davantage l'avidité, et nécessiter la plus grande intensité de gouvernement, la Banque de France.

« Eh bien, la Banque de France est administrée par douze régents qui n'ont aucun traitement, et qui ne consacrent à ce travail que deux heures par semaine. Le gouverneur de cet établissement y jouit d'une grande considération, parce qu'il est le chef d'une des premières maisons de banque ; mais ce n'est point en sa qualité de gouverneur, puisque les deux sous-gouverneurs n'y sont classés que comme des commis renforcés.

« Nous ajouterons à cela que le gouverneur actuel a donné une preuve positive de désintéressement, puisque, de son propre mouvement, il a abandonné à l'entreprise le traitement annuel de 100,000 francs qui lui était alloué par la loi. »

DOUZIÈME LETTRE.

Je vais récapituler la marche que j'ai suivie jusqu'à présent dans l'exposition de mes idées. J'expliquerai ensuite le motif qui m'engage à présenter cette récapitulation.

Je commencerai, mes chers compatriotes, par vous rappeler le prospectus que j'ai publié avant de produire la première livraison de l'*Organisateur*. Ce prospectus (qui dans ce moment est effacé de votre souvenir) a fixé d'une manière très-claire le point de départ que j'ai choisi, ainsi que le but de mon travail.

Voici la manière dont je me suis exprimé:

« Le XIXe siècle n'a point encore pris le « caractère qui lui convient; c'est encore l'esprit « du XVIIIe qui domine notre littérature philoso- « phique, car notre littérature philosophique « est encore essentiellement critique.

« De cet état de choses il résulte que nous « sommes encore en révolution ; que nous « sommes menacés de nouvelles crises, car un « système quelconque (et par conséquent le « système politique) ne peut pas être remplacé

« par la critique, qui en fait apercevoir les « inconvénients : la destination finale de la « société n'est pas d'habiter des ruines, de lutter « contre les institutions qui doivent unir les « membres qui la composent, de diriger ceux « qui doivent lui servir de guides, et de se « conduire d'après des principes absolument « opposés à ceux qui sont professés par son « gouvernement.

« Dans l'état présent des lumières, l'ancien sys- « tème ne peut être remplacé que par un système « dont les dispositions fondamentales soient entiè- « rement neuves ; que par un système basé sur « des principes déduits de l'observation ; que « par un système enfin qui, après avoir été « produit d'un seul jet, ait été discuté à fond « par les hommes les plus capables de le « juger et de le perfectionner.

« Les philosophes du XVIIIe siècle ont dû être « critiques, puisque la première chose à faire « était de mettre en évidence les inconvénients « d'un système, dont la formation primitive avait « eu lieu à une époque d'ignorance, de supers- « tition et de barbarie ; à une époque où toutes « nos connaissances étaient encore vagues, et « où la philosophie n'était encore que de la mé-

« taphysique ; mais, ce système ayant été « complétement discrédité par eux, il est évident « que la tâche de leurs successeurs (c'est-à-dire « des philosophes actuels) consiste à produire « et à discuter le système politique qui convient « à l'état présent des lumières, et il est égale- « ment évident que l'ancien système ne pourra « cesser d'être prédominant qu'à l'époque où les « idées sur les principes qui doivent servir de « base au nouveau système seront suffisam- « ment éclaircies, coordonnées et arrêtées.

« Je produirai le plan d'un nouveau système « politique, je discuterai les principes qui ser- « viront de base à ce système, je démontrerai « que ces principes sont déduits de la grande « série d'observations sur la marche de la « civilisation, etc. »

Je passe aux considérations que j'ai présentées en tête de mon ouvrage.

Le but que je me suis proposé dans ce travail a été de résumer toutes les critiques qui avaient été faites de l'ancien régime ; mon but a été de mettre en évidence la monstruosité de cette organisation sociale dans l'état présent des lumières.

Pour atteindre ce but, j'ai employé une double supposition. J'ai supposé, d'une part, que la France vînt à perdre subitement tous les chefs de son nouveau système politique, c'est-à-dire les directeurs suprêmes de ses travaux dans les beaux-arts, dans les sciences, et dans les arts-et-métiers.

J'ai supposé, d'une autre part, que la France eût le malheur de voir disparaître, dans le même instant, tout l'état-major de son ancien système, c'est-à-dire les chefs du pouvoir temporel, ceux du pouvoir spirituel, ainsi que tous les agents de ces chefs, et ceux qui, par leur position, aspirent nécessairement à le devenir.

J'ai examiné ce qui résulterait du premier de ces accidents, et j'ai reconnu que la France deviendrait une nation subalterne à l'égard de celles dont elle est aujourd'hui la rivale; j'ai reconnu qu'elle resterait dans cet état de subalternité relativement à elles jusqu'à l'époque où serait réparée la perte qu'elle aurait éprouvée; enfin, j'ai reconnu que la réparation de cette perte exigerait beaucoup de temps.

J'ai proclamé ensuite ce qui résulterait du second de ces malheurs, et la vérité que j'ai osé présenter dans toute sa nudité, c'est que la perte de tout l'état-major de l'ancien système politique ne causerait aucun mal politique à la France.

Je crois avoir atteint le but que je m'étais proposé au moyen de ces deux suppositions; je crois que ces deux suppositions ont mis en évidence le fait le plus important de la politique actuelle; je crois qu'elles ont placé le lecteur à un point de vue d'où l'on découvre ce fait dans toute son étendue et d'un seul coup d'œil; je crois qu'elles prouvent clairement, quoique d'une manière indirecte, que dans l'état actuel des lumières, l'organisation sociale existante est le monde renversé, puisque les hommes qui sont le plus utiles à la société, puisque ceux qui perfectionnent sa morale et qui accroissent ses richesses, sont subalternisés par ceux qui lui sont le plus inutiles, et qui lui coûtent davantage.

Dans mon troisième travail, j'ai examiné quelle était la constitution qui convenait à la société française dans l'état présent de ses lumières, et j'ai indiqué les moyens qui devaient être employés pour opérer la transition de l'ancien système au nouveau.

Ce travail, qui a été la suite, et, je pourrais dire, la conséquence du précédent, a eu pour objet d'indiquer à la nation les mesures qu'elle devait prendre pour assurer le premier degré de considération aux hommes qui sont le plus utiles à la société, pour faire cesser l'importance politique de ceux qui lui sont onéreux et inutiles. Il a eu pour objet direct: 1° de déterminer la nation à placer la direction suprême de ses affaires entre les mains de ceux qui sont pourvus de la capacité positive ; 2° de lui faire sentir que les hommes pourvus de la capacité positive devaient être divisés en trois classes, et que leurs chefs devaient former trois conseils (ou chambres) séparés; savoir : le conseil chargé d'inventer, celui chargé d'examiner, et celui chargé d'exécuter; ce qui correspondait aux trois classes anciennement formées, des artistes, des savants et des artisans.

Enfin, ce troisième travail a eu pour objet de faire sentir à mes concitoyens que la seule manière de procéder à des changements dans le système politique, qui n'eût pas d'inconvénient, était d'indemniser convenablement (c'est-à-dire amplement) tous ceux dont les intérêts se trouveraient lésés par la suppression d'institutions qui leur avaient assuré des avantages, dont l'établissement du nouveau régime social les priverait.

J'ai consacré mon quatrième travail à l'analyse de la science politique; j'ai examiné dans ce travail *de quelle manière la question de l'organisation sociale devait être traitée.*

Voici le résumé de ce que j'ai dit à ce sujet :

La question de l'organisation sociale doit être traitée absolument de la même manière que toutes les autres questions scientifiques.

Il faut d'abord choisir les faits qui doivent servir de base à la science politique ;

Il faut ensuite coordonner ces faits, et les lier par une conception générale ;

Il faut enfin déduire de l'examen de ces faits un projet de contrat social dans lequel les intérêts des différentes classes utiles de la société se trouvent bien combinés.

Les faits qui doivent servir de base à la politique sont évidemment ceux qui constatent les progrès successifs de la civilisation.

Pour coordonner ces faits, pour en faciliter et en utiliser l'observation, il faut les disposer de manière à en former deux séries distinctes, et en quelque façon opposées l'une à l'autre. Cette disposition doit être telle qu'il en résulte une comparaison entre des faits antagonistes.

La première de ces séries doit comprendre tous les faits inventés dont on a déduit les principes qui ont servi de base à la politique jusqu'à ce jour.

Chacun des systèmes politiques qui ont été mis en pratique dans la ligne du perfectionnement social de l'espèce humaine, doit former un terme de cette série.

Le raisonnement doit mettre en évidence les perfectionnements qui ont eu lieu à chaque nouveau système admis ; il doit faire remarquer comme quoi chacun de ces perfectionnements est provenu de ce que les faits inventés, servant de base à l'organisation sociale, se sont de plus en plus rapprochés des faits observés.

La seconde série doit être le tableau historique des progrès faits dans l'observation.

Cette série doit mettre en évidence la formation successive d'un système politique positif.

Cette seconde série doit être accompagnée de raisonnements pour faire apercevoir comment les principes adoptés dans les sciences positives particulières ont remplacé successivement, dans le système politique, les principes correspondants qui y étaient en vigueur, et qui y avaient été admis sans preuves.

Cette seconde série doit être terminée par un exposé de l'état présent de nos lumières et par la démonstration que, dans l'état actuel de nos connaissances, le système politique peut être rendu entièrement positif.

Enfin, il faut déduire de l'examen de ces deux séries les principales dispositions du projet d'organisation sociale que j'ai présenté, lequel assurerait à la société la plus grande et la plus prompte amélioration possible de son existence[1].

Je vais maintenant, mes chers compatriotes, vous dire le but que je me suis proposé en vous présentant cette récapitulation à laquelle je n'ai pas dû donner un plus grand développement, mes travaux précédents n'étant encore que des aperçus.

Mon intention a été de répondre d'une manière générale aux critiques qui ont déjà été faites de mon ouvrage, ainsi qu'à celles qui pourront en être faites par la suite.

NOTE TRÈS-IMPORTANTE.

1. Plusieurs savants de mes amis auraient désiré que j'eusse placé mon quatrième travail en tête de ma production; je n'ai pas cru devoir suivre leur conseil, parce que c'est la critique qui doit marcher *à posteriori*, et que l'*Organisateur* doit prendre son point de départ *à priori*.

Je crois, en un mot, devoir suivre la marche que j'ai adoptée, mon intention étant d'imprimer au XIXe siècle le caractère organisateur.

Ma réponse à ces critiques est que l'examen de mon ouvrage doit porter sur l'ensemble de mes quatre travaux, puisqu'ils sont liés ensemble de manière à former un tout systématique qui, par sa nature, ne peut être critiqué utilement dans ses détails qu'après avoir été examiné dans son ensemble.

La critique la plus importante qui ait encore été faite de l'*Organisateur* est celle qui a été publiée dans la *Renommée* le 6 de ce mois de février. En voici la transcription :

ARTICLE DE LA RENOMMÉE

SUR L'ORGANISATEUR.

La condamnation par défaut qui vient d'être prononcée contre M. de Saint-Simon a pour effet, comme toutes les condamnations judiciaires, de faire rechercher avec une plus avide curiosité le livre frappé d'anathème, et d'inspirer un plus vif désir de connaître les doctrines de l'auteur. Sa pensée fondamentale est celle-ci : que l'industrie étant le principe vital des États, c'est aux hommes qui les font prospérer par l'industrie, aux artistes, aux savants, aux gens de lettres, aux négociants, qu'appartient la véritable importance sociale, et qu'ils doivent surpasser en considération comme ils surpassent en utilité, non-seulement les administrateurs, mais même les princes et les rois. Cette opinion, dont j'examinerai tout à l'heure le mérite, peut être fausse ;

mais elle n'a certainement rien en soi de criminel. C'est un système comme un autre, et qui même n'est pas nouveau. Les annales du moyen âge sont pleines des témoignages éclatants du respect et de l'enthousiasme qu'à la renaissance des lettres et des arts inspirèrent les hommes de génie, créateurs d'idées et de sensations nouvelles, et de la préférence que l'exaltation publique leur accordait sur les têtes couronnées, même du consentement de celles-ci. Il n'y avait point alors de procureurs du Roi, qui, dans le rétrécissement de leurs cerveaux et dans la fougue de leur zèle inquisitorial, s'imaginassent voir la majesté du sceptre offensée par les hommages rendus à la puissance des lumières, et je ne sache pas qu'aucun arrêt de cour d'assises ait puni d'amende et de prison le Couronnement du Tasse ou le Baiser de Marguerite.

Peut-être M. de Saint-Simon a-t-il donné à quelques développements de sa théorie des formes dont il eût été mieux de s'abstenir; mais il ne faut qu'avoir lu dix pages de son écrit, pour reconnaître que ce tort est purement celui d'un esprit paradoxal, et qu'il est fort loin de ses intentions, non-seulement de troubler l'ordre public, mais même de blesser aucune des révérences et des convenances de la société. S'il se trompe (et je crois qu'il se trompe), c'était par des raisonnements qu'il fallait le combattre, comme je vais m'efforcer de le faire; dans tous les temps, dans le nôtre surtout, des raisonnements valent mieux que des arrêts.

La doctrine de M. de Saint-Simon signifie-t-elle seulement que le peuple est au-dessus des ministres et même des rois, qui n'existent que par lui? Tous les bons esprits en sont d'accord, et cette vérité ne tardera pas à devenir aussi triviale qu'une foule d'autres vérités d'abord contestées de même, et acceptées généralement un peu plus tard. Mais M. de Saint-Simon veut-il dire que telle ou telle fraction du peuple prise séparément est supérieure en importance aux administrateurs et princes? Ici les termes de la comparaison deviennent erronés parce qu'ils portent sur des objets qui ne sont pas susceptibles de comparaison. Vous pouvez, dans l'analyse des éléments de la prospérité d'un État, élever ou le négociant au-dessus de l'homme de lettres, et réciproquement, parce que les uns et les autres concourent au même but par des moyens et avec des intérêts qui leur sont particuliers; mais vous ne pouvez mettre en balance l'utilité d'aucun d'eux avec celle de l'administrateur ou du prince, parce que l'administrateur ou le prince (j'entends ceux qui sont dignes de ce nom) se rapportent à toutes les classes de la société et s'identifient avec elles, de manière qu'il y ait en eux un peu de l'artiste, un peu de l'homme de lettres, un peu du savant, etc. Et quand vous poussez les conséquences de votre système jusqu'à vouloir que la législation et l'administration publique soient dirigées par des conseils formés des principaux artistes et des premiers savants, vous errez absolument dans le vague, et l'application possible des choses vous échappe tout à fait.

N'est-ce pas aussi, je vous prie, une capacité industrielle que celle de l'administration, capacité qui s'acquiert, comme toutes les autres, par des études spéciales et par des talents qui ne sont pas le propre de tous? Souvent même les autres sciences, précisément parce qu'elles sont conduites fort loin, sont exclusives de celle-là, et je ne me figure rien de plus extravagant que ne le serait un Conseil d'État composé de tel ou tel de mes confrères de l'Institut, dont j'admire d'ailleurs le génie. Je sais que quelques-uns réunissent éminemment l'habileté des affaires à celle des travaux scientifiques; je sais que, par la tendance du siècle, ces exceptions deviendront moins rares de jour en jour, et qu'un temps viendra où la culture approfondie des sciences et des arts s'alliera généralement avec celle du droit public et de l'administration dans les têtes fortement organisées; mais c'est comme publicistes, et non comme savants, que ces citoyens devront être appelés à la participation des intérêts de l'État. Il faut en toute chose, et dans la chose publique par dessus tout, des hommes qui soient capables; et lorsque ces hommes capables sont en même temps des hommes de bien, comme l'étaient un Lhôpital, un Sully, un Malesherbes, un Turgot, il n'est aucun mérite qui puisse entrer en parallèle avec un tel mérite, aucune gloire qui ne doive s'humilier devant une telle gloire. Pourquoi la considération personnelle d'un savant, d'un homme de lettres, d'un banquier, surpasse-t-elle aujourd'hui celle d'un administrateur, d'un juge, d'un ministre? La réponse est dans la bouche de tout le monde, et ne conclut rien abstractivement contre l'importance et la dignité des fonctions de ministre, de juges et d'administrateurs.

Quant au mérite et à l'importance individuels d'un monarque ou d'un prince, dans les États régulièrement constitués, ils se composent bien moins de sa capacité positive que de la droiture de son jugement et de l'excellence de ses intentions. Si le premier est un homme supérieur, tant mieux pour lui, tant pis quelquefois pour l'État. La qualité qui lui est essentielle, et celle sur l'examen de laquelle l'attendent ou les anathèmes ou les bénédictions de la postérité, c'est d'être loyal dans ses promesses, et d'aimer franchement le peuple. Ce n'était pas un homme d'État que Louis XII; et sous le rapport des aptitudes spéciales, rien n'était plus facile que de le remplacer: mais c'était le *père du peuple*. Sa perte fut immense; est-elle irréparable? L'occasion est belle aujourd'hui pour prouver que non.

J'ai opposé mes idées à celles d'un homme dont les intentions patriotiques me paraissent fort respectables, mais quoique M. de Saint-Simon me semble s'être égaré dans le principe de sa théorie, il ne faut pas croire que son livre ne soit éminemment utile et remarquable par les vérités de détails et par les ingénieux développements dont il est semé. Ses idées sur la manière nouvelle d'écrire l'histoire, quoiqu'elles portent encore l'empreinte de quelque exagération, méritent néanmoins d'être méditées, et son tableau des révolutions du système politique en Europe est surtout d'un observateur aussi habile que judicieux. Il a bien raison de conclure que le temps est venu où les *pouvoirs* vont être forcés de céder aux *capacités*, et où les gouvernements ne se soutiendront que par *l'examen*. Leur lutte pour s'y dérober est celle qui a eu lieu de tous les temps, et qui se renouvelle encore au moment même où j'écris. Les fausses espérances dont se bercent ceux qui sont assez aveugles pour engager ce combat viennent de ce qu'à plusieurs époques du monde, la raison a rétrogradé devant la force; ils ne réfléchissent pas que la raison est retranchée aujourd'hui dans les imprimeries, libres ou non, comme dans un fort inexpugnable. L'élévation de leur rang les empêche de voir les objets sous leur véritable aspect. Ceux qui, avec les mêmes intérêts et les mêmes passions qu'eux, ont plus de sagesse, parce qu'ils ont plus d'obscurité, ne se font pas illusion sur l'entraînement irrésistible des choses.

Cette critique est de M. Aignan, celui de nos littérateurs qui a, dans ces derniers temps, le mieux analysé les ouvrages qui ont été publiés sur la politique.

Je ne réfuterai pas dans ce moment son opinion, quoiqu'elle ne me soit pas favorable, par deux raisons : la première, que M. Aignan a rendu compte de mon travail avant que l'exposition de l'ensemble de ma pensée fût terminée ; la seconde, parce que j'ai connaissance que ce littérateur s'est chargé de faire sur l'*Organisateur* un autre article dans la *Minerve*, et qu'il donnera vraisemblablement beaucoup plus de développement à ses idées dans cet article que dans celui que je viens de transcrire.

Je me bornerai pour ce moment à observer à M. Aignan qu'il résulte des progrès de la civilisation que les institutions vieillissent de même que les individus, et qu'en parlant de la royauté comme il l'a fait, c'est supposer que cette institution ait eu toujours le même degré d'importance sociale ; ce qui est évidemment faux, car il a existé une grande différence dans le caractère de la royauté à l'époque de Louis XII, sous le règne de Henri IV, et au moment actuel.

Le prince qui voudrait suivre aujourd'hui les principes de Machiavel se conduirait certainement fort mal, et personne ne niera cependant que Machiavel ait été dans son temps un grand politique.

St-S.

TREIZIÈME LETTRE.

J'espère, mes chers compatriotes, que vous accorderez quelque attention aux idées que je vous ai exposées dans les lettres précédentes. Je le désire bien vivement par la conviction que j'ai de leur utilité.

Les raisons sur lesquelles je fonde l'espoir d'un accueil favorable de votre part sont les suivantes :

En premier lieu, il est pleinement démontré, à mes yeux, que la manière dont je traite la question de l'organisation sociale est neuve.

Il est de fait, mes chers compatriotes, que jusqu'à ce jour cette question n'avait pas été traitée par la méthode employée dans les sciences positives ou d'observations.

Il est également de fait que la manière dont je la traite est absolument la même que celle des physiciens, des chimistes et des physiologistes, dans leurs travaux respectifs.

En second lieu, la question dont j'ai entrepris l'examen est celle de toutes qui peut influer le plus sur le bonheur général. La découverte de sa solution est le seul moyen de faire cesser le désaccord qui existe aujourd'hui entre les différentes classes de la société ; car les hommes ne se battent et ne se querellent jamais que faute de s'entendre.

Enfin, je suis convaincu que cette question se trouve dans ce moment à l'ordre du jour. C'est sur ce dernier motif que je désire fixer un instant votre attention, mes chers compatriotes.

Au commencement de la révolution, les communes ont eu d'abord à lutter contre la noblesse et le clergé de France. Cette lutte a duré environ deux ans. Pendant ce temps, on n'a pu s'occuper de la question de l'organisation sociale que d'une manière très-superficielle.

Les nobles et les ecclésiastiques français, se

voyant battus par les communes, ont appelé à leur secours tout le clergé et toute la féodalité de l'Europe. Dès lors les communes en France ont dû employer la totalité de leurs forces morales et physiques à résister à une attaque générale. Les savants ont dû quitter leurs travaux de recherches pour perfectionner la fabrication de la poudre, des armes, etc. Les artistes ont abandonné leurs travaux d'imagination relatifs à l'amélioration du sort de l'homme social, pour doubler les forces de nos armées en exaltant l'âme des citoyens devenus soldats.

Pendant tout le temps que les communes françaises ont été occupées à repousser l'attaque de la féodalité européenne, il ne leur a pas été possible de s'occuper de la formation du système social qui pouvait leur convenir.

Malheureusement, les succès militaires obtenus par nos armées dans cette lutte défensive leur ont donné la passion de la guerre, et leur ont inspiré le désir de faire des conquêtes.

Dès ce moment, les forces morales et physiques des communes ont été employées, de la manière la plus déplorable, à seconder les projets ambitieux de Bonaparte.

Tant que cet état de choses a subsisté, les

communes n'ont pu évidemment s'occuper d'examiner quel est le genre de politique qu'il leur convient d'adopter.

Par un résultat naturel de cette passion des conquêtes, nous nous sommes attiré la haine des autres peuples européens, qui se sont joints à leurs princes pour se débarrasser de notre domination. Nous avons été conquis deux fois, et, la dernière, nous sommes restés pendant longtemps sous le joug de l'étranger.

Tant que la France a été occupée militairement, les communes n'ont pu avoir qu'une pensée, qu'un désir, recouvrer leur indépendance nationale. Ensuite il a fallu trouver les moyens d'acquitter les engagements contractés vis-à-vis de l'étranger.

En même temps, la féodalité française a profité de la terreur inspirée par le séjour des étrangers pour élever des prétentions qui ont déterminé une nouvelle lutte intérieure.

Enfin, ce n'est guère que depuis un an que les communes de France ont pu occuper leur esprit de la question de la réorganisation sociale, quoiqu'il y ait aujourd'hui plus de trente ans qu'elles ont renversé leur ancienne constitution pour en établir une nouvelle.

Enfin, on ne doit pas s'étonner que cette importante question soit à l'ordre du jour depuis plus d'un an, sans qu'il ait encore été produit aucun projet digne de fixer l'attention : un projet de ce genre ne se conçoit ni promptement, ni facilement.

ST-S.

QUATORZIÈME LETTRE.

Mes chers compatriotes, un crime atroce vient d'être commis : monseigneur le duc de Berry a été assassiné. Le ministère demande au Parlement la suspension de la liberté individuelle, ainsi que de la liberté de la presse. Il prétend que ces mesures lui sont nécessaires pour garantir la famille royale et la France des entreprises des malveillants.

Ces mesures sont-elles bonnes? Ces mesures sont-elles suffisantes? Je répondrai, à la première question, que je ne crois pas ces mesures nécessaires pour maintenir la tranquillité publique, surtout celle qui se rapporte à la liberté de la presse. Mais, attendu que le point de vue d'où je considère les choses politiques n'est pas le plus favorable pour juger sainement les mesures de circonstance, je déclare avec franchise que je n'ai pas une entière confiance dans le jugement que je viens de porter.

Quant à l'insuffisance de ces mesures, j'en suis certain, et je crois pouvoir la démontrer, parce que mes études m'ont rendu compétent à cet égard. Ces mesures étant demandées par le ministère en même temps qu'il produit une loi d'élection qui tend à placer le vote de l'impôt parmi les grands propriétaires territoriaux, qui sont des féodaux au petit pied, je suis certain que sa combinaison est totalement vicieuse, parce qu'elle est évidemment contraire aux intérêts des communes, qui sont les alliées nées de la maison de Bourbon.

La justesse du jugement que je viens de porter me paraît démontrée, parce qu'il est fondé sur la seule série d'observations positives qui puisse servir de base à une opinion politique. Je suis persuadé que ceux qui auront lu attentivement cette livraison partageront cette conviction.

Depuis le XIe siècle, la royauté française (c'est-à-dire la maison de Bourbon, qui a toujours occupé le trône depuis cette époque) est l'alliée des communes, et elle a pour ennemie la féodalité, ainsi que le clergé soumis à la cour de Rome. Cette alliance, qui dure depuis huit cents ans, a tellement identifié les intérêts de la maison de Bourbon avec ceux des communes de France, qu'aucune autre liaison politique n'est praticable, soit d'une part, soit de l'autre.

Dans ces dernières années, le Roi et ses ministres ont frayé aux communes la route qu'elles devaient suivre, et les communes n'ont pas su profiter des facilités que la royauté leur avait procurées pour terminer entièrement la lutte qu'elles ont entreprise depuis huit siècles contre la féodalité et la théologie. En un mot, le Roi et ses ministres se sont bien conduits, et tous les torts ont été du côté des communes. Mais cela n'a pas changé le rapport fondamental qui unit les intérêts de la maison de Bourbon à ceux des communes.

Le ministère s'est aperçu que la féodalité de Bonaparte profitait de la loi populaire qui admettait les patentés à l'électorat, pour faire nommer des ennemis déclarés de la maison de Bourbon. Quand une fois ce fait a été reconnu, le seul moyen que le ministère eût d'y remédier était, et est encore aujourd'hui, non de tendre vers un mouvement rétrograde, mais de rappeler les communes à leurs véritables intérêts. Il aurait dû dire aux artisans : n'envoyez à la Chambre des communes que des industriels, au lieu de généraux et d'avocats ; et aux savants : hâtez-vous de former un système de morale uniquement fondé sur des faits observés.

La maison de Bourbon et les communes de France sont certainement exposées aujourd'hui à de grands dangers. Mais il est également certain que ces dangers n'ont et ne peuvent avoir pour cause que de mauvaises combinaisons faites par l'une ou par les autres, ou, ce qui est encore plus fâcheux, par toutes les deux à la fois.

L'ancienne féodalité et la féodalité de Bonaparte sont ennemies nées et irrévocables de la maison de Bourbon : l'aristocratie territoriale n'est qu'une branche, un appendice de ces deux féodalités. Ainsi, toute mesure qui a pour objet de lier les intérêts de la maison de Bourbon avec l'une quelconque de ces forces est, par sa nature, une combinaison évidemment vicieuse.

C'est également une fausse combinaison de la part de la maison de Bourbon de compter au nombre de ses moyens le parti ministériel; car ce parti, n'ayant d'autre force que celle qu'il reçoit du roi aux dépens des communes, il est bien plutôt une charge pour lui qu'un soutien.

Je ferai des réflexions analogues par rapport aux communes.

Le parti appelé libéral est évidemment dominé par la féodalité de Bonaparte. Or les communes se sont montrées bien peu soigneuses pour leurs intérêts en se laissant diriger par ce parti, qui est leur plus dangereux ennemi, et qu'elles auraient dû redouter beaucoup plus encore qu'elles ne craignent l'ancienne féodalité. Je reviendrai spécialement, dans la prochaine livraison, sur ce point fondamental, ainsi que sur tous ceux dont il est question dans cette lettre. Je dois me borner ici à des indications.

C'était avec la royauté, dans la personne des Bourbons, que les communes devaient se combiner; car, ce qui est vrai pour la maison de Bourbon envers les communes est également vrai pour les communes envers la maison de Bourbon.

En un mot, les dangers auxquels les communes de France et la maison de Bourbon sont exposées dans ce moment ont pour cause unique les mauvaises combinaisons faites de part et d'autre dans ce dernier temps. Ces dangers cesseront aussitôt qu'il se formera de meilleures combinaisons.

Les idées que je viens de présenter peuvent être rendues plus claires par la comparaison suivante.

Un jour de gelée, un jeune homme paria qu'il traverserait pieds nus le bassin des Tuileries. Arrivé au centre, il déclare qu'il ne saurait aller plus loin. Il revient sur ses pas, et il fait autant de chemin pour perdre son pari qu'il lui en restait à faire pour le gagner.

Les deux mesures les plus libérales qui aient été adoptées depuis le commencement de la révolution ont été proposées, l'une par M. Decaze, l'autre par M. de Serre, ainsi que je l'ai établi dans la dixième lettre. S'ils avaient fait, l'un et l'autre, encore un léger effort dans la même direction, la machine sociale se serait trouvée organisée, et ils auraient eu tout l'honneur de cette organisation. Ils préfèrent revenir sur leurs pas, quoiqu'il leur en eût coûté moins de peine pour réussir que pour défaire ce qu'ils avaient fait.

Ce que j'ai dit jusqu'à présent ne porte, en quelque façon, que sur le matériel de la politique. Passons à des considérations plus élevées.

Le moyen le plus efficace dont se servent les ambitieux pour nuire à la maison de Bourbon dans l'esprit de la nation française consiste à lui persuader que cette dynastie, en remontant sur le trône, n'a apporté aucune gloire à la nation. Ce moyen est d'un succès malheureusement trop infaillible, tant qu'on n'aura pas cherché à le combattre d'une manière directe, parce que les Français sont par-dessus tout avides de gloire.

Les Bourbons peuvent procurer à la France la gloire la plus éminente et la plus honorable, celle auprès de laquelle toutes les autres sont nulles, celle du perfectionnement de l'organisation sociale. Qu'ils s'emparent de ce rôle élevé, et leurs dangers cesseront à l'instant; les prôneurs intéressés de la gloire militaire acquise sous la verge de Bonaparte seront réduits au silence; la nouvelle féodalité perdra sa dernière et principale ressource.

Sous Louis XIV, les Français ont acquis plusieurs genres de gloire, et principalement la gloire littéraire. Les chefs-d'œuvre qu'ils ont produits ont rendu la langue française commune à tous les hommes bien élevés en Europe, ce qui est certainement un des plus grands avantages dont un peuple puisse jouir. Avantage d'autant plus grand qu'une autre nation ne peut le lui enlever qu'en produisant de nouveaux chefs-d'œuvre, qui lui procureraient de nouvelles jouissances.

Sous Louis XV, les philosophes français ont compté les princes les plus marquants de l'Europe au nombre de leurs disciples.

Pendant la Révolution, les Français ont porté la gloire militaire de la nation à son comble.

L'Europe attend avec impatience, dans ce moment, la discussion qui doit s'établir en France sur la question de l'organisation sociale.

Que la royauté française se place à la tête de ce grand mouvement organique; qu'elle donne l'impulsion aux communes pour cette mémorable discussion. En se mettant ainsi à l'avant-garde de la civilisation, tous les dangers qui environnent dans ce moment les Bourbons disparaîtront en même temps que les malheurs dont les communes de France sont menacées. La gloire que peut acquérir par ce moyen la maison de Bourbon est prodigieusement supérieure à toute celle qu'a pu jamais obtenir Bonaparte ou tout autre conquérant. Bonaparte était trop médiocre en même temps que trop immoral, pour prendre ce caractère neuf, ou seulement pour le sentir; c'est à

Louis XVIII que cette illustration est réservée tout entière.

Au surplus, mes chers compatriotes, l'avenir n'est pas aussi effrayant que le malheur affreux qui vient d'arriver pourrait le faire craindre. Nous sommes sans doute exposés à de grands dangers, mais les moyens de les éviter sont simples et d'un succès certain. Car, en dernière analyse, résoudre une question, c'est en cela que consiste toute la difficulté.

Or, je crois avoir trouvé la solution de cette question, et je me charge (si on ne gêne pas l'émission de ma pensée) d'avoir bientôt démontré les moyens de concilier très-promptement les intérêts des Bourbons avec ceux de tous les Français qui ont une capacité positive et des intérêts d'une moralité véritable.

S.-S.

P.-S. — Je crois devoir vous prévenir, mes chers Compatriotes, que ni le Roi, ni aucun de ses ministres, ne sauraient juger directement l'ensemble de mon travail, quand même ils en prendraient connaissance. Ils n'ont point acquis par leurs études préliminaires les données nécessaires pour cela. Les seuls Français capables de porter un jugement positif sur l'ensemble de mes idées sont ceux qui cultivent les sciences d'observation, c'est-à-dire les physiciens, les chimistes et les physiologistes.

Je vous prends tous à témoin, mes chers Concitoyens, que je fais appel aux physiciens, aux chimistes et aux physiologistes; que je les conjure de prendre la peine d'examiner ce travail, et de publier ce qu'ils en pensent. Je les conjure de s'occuper de la question de l'organisation sociale, car eux sont capables de la traiter, et de procurer à la France le seul genre de gloire qui lui convienne aujourd'hui; eux seuls peuvent préserver, par leur action scientifique, la nation française et la maison de Bourbon, des dangers dont elles sont menacées l'une et l'autre.

C'est particulièrement à Messieurs les membres de l'Académie des sciences que je fais cet appel, et plus particulièrement encore à ceux d'entre eux que le gouvernement a investis du caractère spécial de conseillers, tels que MM. Cuvier et Mirbel.

NOTA. — Les idées dont j'ai présenté une première indication dans cette lettre ne devaient être abordées que dans la livraison suivante. La catastrophe qui vient d'avoir lieu m'a déterminé à en donner, dans la livraison actuelle, un aperçu anticipé, pour lequel je demande de l'indulgence. La prochaine livraison contiendra un examen spécial et méthodique des questions dont je n'ai fait ici qu'ébaucher à la hâte une simple exposition.

La première livraison de ce remarquable écrit fournit au parquet la matière d'un acte d'accusation qui renvoyait Saint-Simon devant la cour d'assises. Son procès devait être jugé le 20 mars; il prépara son acquittement par la brochure suivante :

— LETTRES DE HENRI SAINT-SIMON A MM. LES JURÉS QUI DOIVENT PRONONCER SUR L'ACCUSATION INTENTÉE CONTRE LUI, mars 1820. 42 pages in-8° imprimées chez Boucher, rue des Bons-Enfants, n° 34.

Ces lettres, au nombre de quatre, furent signées aussi par Me Legouix qui était chargé de la défense de Saint-Simon. Les huit premières pages reproduisent textuellement ce qui a été appelé depuis *Parabole de Saint-Simon*.

Le procès fait à l'auteur de l'*Organisateur* avait eu assez de retentissement pour que Saint-Simon, dans l'intérêt de la propagande de ses idées, crût devoir publier le plaidoyer de son défenseur, et bientôt parut :

— PLAIDOYER DE Me LEGOUIX POUR M. HENRI DE SAINT-SIMON. 55 pages in-4° imprimées chez Chaigneau fils, rue de la Monnaie, n° 11.

Sa plaidoirie terminée, Me Legouix fut lui-même mis en cause pour avoir signé les *Lettres à MM. les Jurés*. Il expliqua, pour sa défense, les motifs pour lesquels il avait cru devoir signer ces lettres comme il aurait signé un *Mémoire sur procès*. Saint-Simon prit ensuite la parole pour exprimer combien il avait été blessé des inculpations de M. l'avocat général qui avait cherché à établir une corrélation entre les opinions qu'il avait émises et le crime de Louvel. Ce compte rendu se termine ainsi :

Après cette discussion, la Cour s'est retirée dans la chambre du conseil pour délibérer, et, après une heure de délibération, elle a repris l'audience, et M. le président a prononcé un arrêt par lequel la cour renvoie M. de Saint-Simon de l'accusation portée contre lui, et, faisant droit sur le réquisitoire de M. l'avocat général, relativement à l'écrit intitulé *Lettres à MM. les Jurés*, renvoie de nouveau M. de Saint-Simon devant le juge d'instruction, et en ce qui concerne Me Legouix, attendu les explications par lui données, l'avertit seulement d'être plus circonspect à l'avenir.

Dès le 26 mars, Saint-Simon publiait la pièce suivante :

— CIRCULAIRE relative à l'ORGANISATEUR, *troisième livraison*. 3 pages in-4°.

Saint-Simon y expose l'exiguité de ses ressources après tous les sacrifices qu'il a faits depuis plusieurs années. Il invite tous ceux qui se trouvent appelés à fonder la philosophie du XIXe siècle, à prendre, en qualité de *fondateurs de la politique positive*, un abonnement aux trois premiers volumes de l'*Organisateur*, pour le prix de 50 francs, ce qui lui permettrait de réduire à 25 francs les abonnements pour le public qu'il avait portés à 40 francs. Il termine par un post-scriptum ainsi conçu :

Monsieur, quand les trois premiers volumes de l'*Organisateur* seront terminés, je soumettrai aux souscripteurs-fondateurs le plan de travail pour la suite de cet ouvrage, et je ne procéderai à son exécution qu'après avoir obtenu l'approbation de la majorité de ceux qui voudront bien prendre la peine de l'examiner ; si je ne prends pas leur avis, pour les trois premiers volumes, c'est que cela ralentirait l'exposition du système, ce qui aurait de graves inconvénients dans les circonstances pressantes où nous nous trouvons.

Paris, ce 26 mars 1820.

1. Six mois furent employés à poursuivre ce projet d'organisation d'une société. La tentative échoua, il fallut prendre une autre route.

Paris-Imp. PAUL DUPONT, 41 rue Jean-Jacques-Rousseau. — 749.

www.ingramcontent.com/pod-product-compliance
Ingram Content Group UK Ltd.
Pitfield, Milton Keynes, MK11 3LW, UK
UKHW020210250726
13967UKWH00003B/1380